하나님의 전신 갑주

차 례

1. 저자 서문... 10

2. 질병에 걸린 자 11

3. 주님의 보냄을 받다 13

4. 믿음으로 행하거라. 16

5. 주님 뜻대로 19

6. 회개에는 열매가 있다................................ 22

7. 주님께 경배를 세 번이나............................ 24

8. 머리 잡념 훈련 27

9. 전도의 능력의 기름 부음 28

10. 너는 나를 위해 살아야 하느니라 29

11. 주님을 인정하는 삶 33

12. 부름 받은 자의 자세 35

13. 기도가 부족하다. 38

14. 주님이 사랑하신 종에게........................... 40

15. 죄! 죄! 죄! 걷어내는 작업 46

16. 위대하신 주 보혈 48

17. 믿음이 식어 있는 영적 상태...................... 50

18. 나의 복음을 전해다오. ·· **54**

19. 주님의 용사 같이 ·· **56**

20. 전신 갑주의 책의 표지 ·· **57**

21. 참된 자유 ·· **58**

22. 나는 죄인입니다. ·· **60**

23. 기도의 줄 ·· **62**

24. 내 백성이여 들으라 ·· **64**

25. 주님이 원하는 것은 ·· **69**

26. 능력의 기름 부음. 영권을 부으라 ······························ **71**

27. 주님이 희망을 걸었던 교회 ······································ **72**

28. 상어의 입 (어느 슬픈 종의 이야기) ···························· **73**

29. 내 그릇 (시_어느 슬픈 종의 이야기) ·························· **76**

30. 동산에 올라가 (시_어느 슬픈 종의 이야기) ··················· **77**

31. 새싹 (시_어느 슬픈 종의 이야기) ···························· **78**

32. 주님의 관심 ·· **80**

33. 주님이 사랑하는 종에게 ·· **82**

34. 주님이 바라보시는 종에게 ·· **84**

35. 주님의 섬세한 다루심 ·· **86**

36. 한국이여 깨어나라 깨어나라 ····································· **89**

37. 긍휼한 마음 ·· **91**

38. 주님을 향해 질주하는 자들 ······································· **94**

39. 교회들에게 말씀하신 주님 ·· **96**

40. 영적인 잠 99

41. 성령의 기름 부으심과 치유 그리고 거듭남 101

42. 회개를 바르게 이해합시다 103

43. 마지막 훈련 107

44. 성령께서 하신다. 109

45. 성도의 삶의 훈련 과정 110

46. 사랑하는 나의 종아 117

47. 아버지의 사랑으로 118

48. 회개하는 영혼 위에 119

49. 깨어라! 한국교회여 122

50. 주님의 은혜 124

51. 연민의 포로가 된 내 백성 127

52. 나의 마음을 알아주는 참된 종이 없어서 울고 싶구나 132

53. 기도의 3단계 진입 135

54. 참된 진리 안에 머무는 자 139

55. 주님의 사랑 141

56. 주님을 따라간 지옥 143

57. 지옥의 터널을 지나 145

58. 자살한 자가 가는 지옥 146

59. 아프리카의 어린 영혼들이 가 있는 지옥 148

60. 나는 너를 훈련하고 있다 149

61. 주님이 바라보시는 종에게 151

62. 사랑하는 종들아 **155**

63. 주님의 통치 아래 "예"라고 대답하시나요? **158**

64. 방황하지 말고 주님 안에 거하라. **164**

65. 회개하는 심령 위에 **166**

66. 마음의 평강이 있을지어다 **167**

67. 주님, 저는 주님을 믿습니다 **171**

68. 말씀을 가까이 하라 **174**

69. 내 마음의 겸손 **176**

70. 노방 전도 **178**

71. 참회의 눈물을 흘릴 수 있는가 **181**

72. 천국의 하늘을 보고 놀랐습니다 **184**

73. 나를 치료하신 주님 **189**

74. 거짓말한 죄 **191**

75. 환상 **194**

76. 나비야 **195**

77. 법적인 것을 하지 말거라 **196**

78. 주님, 늘 넘어집니다 **198**

79. 남편을 향한 생각 **200**

80. 오직 예수가 먼저요 **203**

81. 교회여 일어나라 **204**

82. 믿으면 선포하라 **206**

83. 주님이 계시니 정말 기뻐요(나를 부르시는 주님) **208**

84. 오직 믿음으로 **210**

85. 묶으라 **212**

86. 새로운 삶 **213**

87. 주님의 사랑 받는 종들 **215**

88. 네 몸이 회복하는 중에 **217**

89. 생명 **218**

90. 생명을 주관하시는 주님 **219**

91. 가장 내가 **220**

92. 풍랑을 잠잠케 하시는 주님 **221**

모든 감사와
찬양과 영광을
하늘에 계신
하나님께 올려드립니다.

저자 서문

책을 마무리하면서
좀 늦은 감도 있지만,
그래도 끝까지 이 책을 마무리할 수 있도록
은혜를 주신 성부와 성자와 성령 하나님께
깊은 감사와 영광을 올려드립니다.

또한 저를 도와서 수고해 주신 김사랑 간사님과
베데스다 기도원의 모든 가족들에게도
감사를 드립니다.
특별히 이 책을 통해서 애쓰고 힘써 주신
H 목사님과 사모님에게 깊은 감사를 드립니다.

할렐루야!

2024년 3월 지귀복 목사

질병에 걸린 자

지금까지는 나를 위해 살았다면, 남은 생애는 주를 위해서 살겠다고 고백하십시오. 그리고 결단을 하십시오. 그 순간 성령께서 기름을 부어주시고 주님의 말씀의 능력이 우리를 치료하십니다. 계속적인 결단과 고백 속에서 완전한 치료가 임하는 것입니다. 주님은 그 고백을 들으시기를 기다리시고 계시고, 또한 새로운 주님의 보혈의 옷을 입혀주시기를 원하십니다.

결단하신 분은 이제 예수 그리스도의 피가 나의 몸과 마음에 짓눌린 병을 깨끗이 치료하신 것을 믿고 기도하시고 감사하면 됩니다. 사탄 마귀는 끊임없이 의심을 주기 때문에 말씀을 붙잡고 기도와 찬양이 입에서 떠나지 말아야 합니다. 나의 심령이 말씀으로 점점 새로워져 갈 때 완전한 치료가 임하는 것입니다.

주님은 오늘도 우리에게 말씀하십니다.
예레미야 33장 3절 말씀.
"너는 내게 부르짖으라 내가 네게 응답하겠고 네가 알지 못하는 크고 비밀한 일을 네게 보이리라."
2절에는 **"일을 행하는 여호와 그것을 지어 성취하는 여호와 그 이름을 여호와라 하는 자가 이같이 이르노라."**
부르짖을 때 반드시 응답하겠다고 말씀하십니다.

저는 처음 주님을 영접하고 열심히 기도하던 중에 축농증을 치료받고 너무나 주님의 은혜가 감사해서 열심히 지하철역 앞에 가서 복음을 전했습니다. 저는 그곳에서 수많은 사람들이 어디로 가는지도 모르고 앞으로 나아가고 있다는 것을 성령께서 알게 하셔서 저는 너무나 슬픔이 왔습니다. 그래서 저는 그곳에 집집마다 방문을 하면서 나를 치료하신 하나님을 간증하면서 전도했을 때 사람들이 주님을 영접하는 과정을 보게 되었고 그 후로도 계속 말씀을 붙잡고 기도했을 때 먼저 그 나라와 그의 의를 구하는 삶을 살게 되었습니다.

어느 날 새벽에 하늘의 별의 문이 열리더니 빛이 내려오는 것이었습니다. 그 빛은 곧 예수님이시었습니다. 1986년도 예수님은 내가 있는 방에 오셔서 나를 안수를 하십니다. 저는 너무 놀라왔습니다. 예수님이 안수를 하시자 바로 온몸은 다 죽어가고 심장만 뛰고 있었습니다. 저의 입에서는 계속 방언기도를 하고 있습니다. 예수님께서는 말씀하십니다.
"천국에 가자구나."

저는 너무 무섭고 두려웠습니다. 그래서 천국에 안 간다고 했습니다. 그랬을 때 주님은 **"참 답답하구나"** 하시면서 저에게 휴거가 되는 장면을 보여 주셨고, 저는 그 후로 더욱 열심히 신앙생활을 하면서 모든 것을 말씀에 초점을 맞추기 시작했습니다. 나의 삶의 현장에서 역사하시고 체험케 하시는 그 주님을 이제는 전적으로 신뢰하면서 증거하는 삶이 시작되었고, 그 나라와 그 의를 구할 때 주님께서는 나의 모든 삶을 주관하시고 보살피고 계셨습니다.

주님의 보냄을 받다

"너는 가서 예레미야 6장을 그대로 읽고 예언하라. 이제는 여호와의 심판이 시작되었다고 그들에게 가서 전하라. 내가 너에게 너희에게 여러 차례 말해 주었고 누누히 말했건만 도무지 깨닫지도 않고 깨달을려고도 아니하는도다.

나는 슬프다. 나는 슬프다. 너희에게서 그 곳간의 열쇠를 누가 가져갔느냐? 너희의 아름다운 모습은 어디로 가고 벌거벗은 수치스러움만 남아있구나. 왜 이렇게 되었느냐? 무엇이 너희를 그렇게 했느냐? 어디서부터 떨어졌는가 생각하라.

지극히 작은 것 하나에게라도 멸시하고 천대하는 것은 곧 나에게 하는 것이거늘, 떡을 먹듯이 그러한 일을 반복하는구나. 불쌍히 여길 줄을 모르고, 긍휼히 여길 줄을 모르는 너희의 그 강팍함이 은혜의 샘의 물이 끊어졌고 긍휼 없는 심판이 오게 되었느니라. 어찌할꼬, 어찌할꼬 애타는 목소리가 아니라 교만과 거만한 마음뿐이구나."

예수님 : "귀복아."

지귀복 : "예. 주님.

주님, 저는 이런 말 하고 싶지가 않습니다."

예수님 : "나는 온전한 빛이고 사랑이란다.

그래서 항상 심판을 행하기 전에 그 누구를 통해서도 말을 하고 있느니라. 회개하라고. 요나를 보내어서 니느웨의 성에, 백성에게 심판을 선포했던 것처럼 그들이 굵은 베옷을 입고 회개한 것처럼 혹시라도 그들이 회개 할 수 있기를 바라는 마음으로 너를 통해서 선포하고 있느니라.

들으라. 너희 어리석은 자들아, 내가 너희의 행위를 다 지켜보고 있노라. 각각 회개하고 돌이키지 않으면 결코 너희는 나를 만날 수가 없으리라. 세상 사람들의 위치는 잘도 알고 있으면서 주님의 섭리는 모르는구나. 세상 사람들의 비위는 잘 맞추면서 나의 거스림을 깨닫지 못하는구나. 너희는 과연 목이 곧은 백성이로구나. 내가 너희를 소망 중에 불렀는데, 소망이 없구나. 인간의 냄새만 풍기는구나.

너희의 주가 누구냐? 나는 묻고 싶다. 과연 너희의 주님은 누구일까? 나보다 더 앞세우는 것, 나보다 더 가까이하는 것, 나보다 더 사랑하는 것, 이러한 것은 다 나를 멀게 만드는 것임을 알지 못하느냐?

이 무지하고 어리석은 백성들아, 은혜의 단비를 항상

내려오는 것이 아니다. 그 누군가가 너희를 위해 눈물을 흘렸고, 그 누군가가 너희를 위해서 회개했기 때문에 은혜의 단비가 내렸던 것임을 깨달으라.

이제는 그 비는 그쳤고, 그 누군가도 너희를 위해 울지 않고 회개하지 않는다면 이제는 어둠의 불꽃이 피어오르고 있구나. 나는 지금까지도 참고 기다렸다. 이제는 정녕 그 일이 시작되었느니라. 내 입에서 나간 말은 다시 돌아오지 않을 것이고, 결코 돌이킬 수가 없노라. 너희가 지식으로도, 너희의 인맥과 배경으로도, 너희의 잘하는 구사와 구변으로도, 너희가 믿던 그 사랑하는 사람들로도 나의 심판은 결코 막을 수가 없고, 시행되어지고 있느니라.

너희의 죄는 인이 박힌 것처럼 박혀서 있는데, 그것을 뽑아내기가 얼마나 어렵겠느냐? 세상은 변하고 죄악은 물결처럼 흘러 떠내려가고 있으나, 나의 은혜의 보혈의 강물도 흘러내리고 있다는 것을 모르느냐?

이제는 나의 말을 마칠 시간이 되었구나. 이 말을 마치는 시간이 참으로 나에게는 아픔이구나. 어찌해서 너희는 나의 잊음이 되려고 그러느냐? 어찌해서 너희는 나의 생명을 버리려고 하느냐? 어찌해서 너희는 나의 마음을 그리도 아프게 하느냐? 내가 십자가에서 물과 피를 흘려서 내 생명을 아끼지 않고 주었는데 어찌해서 나를 잊었느냐?"

믿음으로 행하거라.

예수님 : "너는 왜 우느냐? 나의 말에 귀 기울이지도 않으면서.
　　　　너는 왜 우느냐?"

지귀복 : "제가 잘못했어요. 잘못해서 웁니다. 제가 주님 앞에 잘
　　　　못했어요. 용서해 주세요. 기도하지 않았고, 말씀 보지
　　　　않았고, 기쁨으로 주님 앞에 서지 못했어요. 회개합니
　　　　다. 주님 용서해 주세요. 나는 주님을 사랑합니다.
　　　　나는 주님이 아니 계시면 안 됩니다. 너무나 슬픕니다.
　　　　주님, 나를 돌아봐 주소서. 성령님, 나를 도와주세요."

예수님 : "내가 너의 분주함을 보고 있다. 이렇게 할까, 저렇게 할
　　　　까? 교만만 하지 말고 기도하기를 바랬지만, 그렇지 않
　　　　은 너를 보고 있노라. 내가 너에게 그 문제도 말하라고
　　　　했지 않니? 그것도 내가 도와준 것이다.
　　　　네 마음속에 조금이라도 거리낌이 있어서는 안 되느니
　　　　라. 그것은 곧 근심이 되고, 근심은 마귀가 공격하는 통
　　　　로가 되는 것이다.
　　　　알겠느냐? 나는 너를 사랑한다. 너의 입술은 지금 훈련
　　　　하고 있다. 네 입의 말을 어떻게 하느냐에 따라 평안도
　　　　오고, 불행도 오게 되는 것이다.
　　　　믿음으로 행하거라.

나는 결코 너를 떠나지 않을 것이다. 그러나 네가 나와
멀어진다면 그것은 내가 떠난 것이 아니고 너가 나를
멀리한 것이다."

예수님 : "귀복아, 너는 나를 사랑하느냐?"

지귀복 : "예, 주님."

예수님 : "그러면 왜 기도하지 않느냐? 내가 너를 온 종일 기다
려야겠느냐? 어찌해서 먼저 기도할 수는 없는 것이냐?
나는 너를 너무너무 사랑한다고 했지 않니? 너의 몸에
신호가 올 때는 기도를 할 것이라 했지만, 그래도 그냥
스쳐 가길래 나는 정말 너가 사랑스럽지가 않았다. 항
상 너는 나를 생각해야 하느니라. 그래야 마귀가 공격
을 하지 못하느니라."

지귀복 : "주님. 용서해 주세요. 너무나 무지한 이 죄인을 용서해
주세요. 지혜를 주세요. 정말 주님을 실망시키지 않도
록 믿음과 지혜를 주세요. 성령충만케 하소서. 주님."

예수님 : "귀복아. 너는 나의 신부이니라. 신부가 신랑을 잃어버
리면 되겠느냐? 이제 평안할 것이다. 답답한 마음에 이
제 평안할 것이다."

예수님 : "귀복아."

지귀복 : "예, 주님."

예수님 : "나는 너를 너무 사랑한다. 나는 죽기까지 너를 사랑했

다. 그 사랑이 얼마나 위대한지 아느냐? 너는 과연 나를 얼마나 사랑할까? 너의 생명을 바치라고 하면, 그렇게 하게 될까? 그러나 너도 나를 사랑하는 것을 내가 알고 있다."

지귀복 : "주님, 저는 주님 사랑합니다. 주님이 기뻐하시는 일을 하고 싶습니다. 주님의 능력 안에서 하게 해 주세요. 저는 모든 것이 연약하고 부족하지만, 주님의 능력을 주심 안에서 일을, 시키시는 일을 하겠어요. 주님, 사랑해요. 나의 주님. 나를 위해 그 보혈의 피를 흘려주신 주님. 사랑해요. 감사해요. 너무나 감사를 해요. 감사를 해도 다 헤아릴 수 없는 주님의 그 사랑, 주님, 감사하고 사랑합니다. 경배합니다."

예수님 : "귀복아."

지귀복 : "예, 주님."

예수님 : "너는 오늘 새벽에 꿈을 꾼 것 가지고 마음이 씁쓸하냐?"

지귀복 : "예, 주님. 왜 그분이 꿈에 보였으며, 왜 제가 그곳에서 쌀을 떠서 담았는지, 왜 방에 들어가서 전기불이 켜지지 않았는지."

예수님 : "그것은 세 가지가 들어있느니라. 그 병원은 영적인 감옥이고, 그 쌀은 바르게 말씀을 전하지 않았다는 것이고, 너는 나타내야 하는데 방에 들어가 있으면 어떻게

나의 말을 선포할 수 있겠느냐?

숨지 말아라. 주님이 너와 함께 하시는데 무엇이 두렵느냐? 앞으로 어떻게 일들이 펼쳐지는지 너는 가만히 있어 하나님만 바라보거라."

[예레미야 33:2-3]
2 일을 행하는 여호와, 그것을 지어 성취하는 여호와, 그 이름을 여호와라 하는 자가 이같이 이르노라 3 너는 내게 부르짖으라 내가 네게 응답하겠고 네가 알지 못하는 크고 비밀한 일을 네게 보이리라

아멘.

주님 뜻대로

[마태복음 7:21-23]
21 나더러 주여 주여 하는 자마다 다 천국에 들어갈 것이 아니요 다만 하늘에 계신 내 아버지의 뜻대로 행하는 자라야 들어가리라 22 그 날에 많은 사람이 나더러 이르되 주여 주여 우리가 주의 이름으로 선지자 노릇하며 주의 이름으로 귀신을 쫓아 내며 주의 이름으로 많은 권능을 행하지 아니하였나이까 하리니 23 그 때에 내가 그들에게 밝히 말하되 내가 너

희를 도무지 알지 못하니 불법을 행하는 자들아 내게서 떠나가라 하더라

"귀복아, 네가 많은 일을 나의 이름으로 행하였지만, 나의 뜻대로 하지 않고, 자기 마음대로 행하고서 내게 나아와 말할 때 나는 그것을 인정하지 않는단다. 많은 사람들이 자기들 마음대로 하고 와서는 마치 내가 시킨 것처럼 하는 것은 무엇이란 말이냐? 그들은 자기를 이미 나타냈느니라.

내가 너에게 말한다. 너는 앞으로 내가 명령한 것을 시행하고 내가 하지 말라고 한 것을 또한 하지 말거라. 그리하여야 네가 나를 만날 수가 있느니라. 항상 내게 물어보는 자세와 주님이 어떻게 하실 것인가 기다리는 자세가 중요하느니라. 많은 일을 할려고 하지 말고 작은 일에도 주님이 기뻐하시고 원하시는 일을 하거라.

모든 사람들은 이것에서 넘어지느니라. 점점 자기의 위치가 높아질수록 세상의 것에 관심과 주님께 기도하는 시간은 줄어들고 주님의 이름으로 복음을 전한다 하면서 주님의 뜻이 무엇인지도 모르고 행하는 것을 볼 때, 주님께서는 너희의 표현으로 말하자면, '기가 막힌다.' 어느새 나의 생각, 내가 원하는 것은 신경쓸 것이 없고 자기가 나의 자리에서 일하고 있다는 사실조차도 모르고 앞으로 앞으로 전진하고 있단다.

이것은 깨달아지지도 않고 결국은 그 모든 일에 끝이 이를 때에야 그것이 드러나기 시작하느니라. 그러니 그동안에 그가 행하였던 모든 것들은 어떻게 다시 고칠 수가 있겠느냐? 나는 정말 이런 모습을 볼 때 너무나 배신감을 느낀단다. 감히 나를 주님이라고 부르면서 자기 마음대로 행하면서 자신을 나의 말씀에 비추어 보지 않고 나의 음성에 귀를 기

울이지 않는 그들을 볼 때 나의 심기가 불편하구나. 그런 일에 걸려 있는 직분자들이 많이 있단다.

　나는 그 누구에게 묻고 싶구나. 너희는 도대체 누구를 위한 일을 하고 있느냐고. 너희가 수고하고 애쓰고 힘쓴, 힘을 다함은 너희의 배부른 까닭이요, 너희의 안일함 까닭이요, 너희를 세상으로부터 인정받으려는 까닭이 아니더냐? 나는 결단코 너희를 알지 못하겠노라.

　들으라. 이 회칠한 무덤 같은 자들아. '내가 주의 뜻이면 이것도 하리라 저것도 하리라.' 한다마는, 진정 너의 속에 썩어있는 오물을 걷어내거라. 그리고 그곳에 나의 보혈의 피로 깨끗이 닦아내기를 바란다. 나는 그래도 너희를 위해 피를 흘려서 구원에 이를 수 있게 했으니 너희가 이 땅에 육신의 옷을 입고 있을 때 과연 나의 피로 그 깊은 마음 속에 있는 찌꺼기를 씻으라. 그리하면 새로운 세계가 너희에게 열릴 것이다."

[마태복음 23:23]
화 있을진저 외식하는 서기관들과 바리새인들이여 너희가 박하와 회향과 근채의 십일조는 드리되 율법의 더 중한 바 정의와 긍휼과 믿음은 버렸도 다 그러나 이것도 행하고 저것도 버리지 말아야 할지니라

회개에는 열매가 있다

회개에 합당한 열매를 맺는 것은 성령의 전신 갑주를 입는 길이다. 물질을 줄 때에는 '왜 주셨을까?' 먼저 영적으로 생각해야 한다. 다 쓰고 나서 깨달은들 무슨 소용이 있겠는가?

회개에는 반드시 예물이 뒤따라야만이 죄사함의 확신을 자기 자신에게 갖게 된다. 죄는 작은 죄든지, 큰 죄든지 자력에 이끌려 딸려서 지옥으로 간다. 오직 예수의 보혈을 찾을 때 중지된다.

입술의 말과 기쁜 말.
남의 말 금지. 신앙을 저하시킨다.

[시편 50:14-15]
14 감사로 하나님께 제사를 드리며 지존하신 이에게 네 서원을 갚으며
15 환난 날에 나를 부르라 내가 너를 건지리니 네가 나를 영화롭게 하리로다

성령님의 도우심으로 먼저 자기가 지은 죄를 모두 다 떠올리면서 눈물로서 입력을 한다. 그 죄를 하나하나 주님께 고백을 한다. 그 죄를 나를 구원하신 예수님이 보혈의 피로 십자가 위에서 용서를 구한다. 주님께 간구하면서 성령의 불로 그 죄를 소멸해 주실 것을

기도한다. 주님께서 말씀을 주실 때는 그것을 묵상하고 신중하게 어떻게 할 것인가를 생각하라. 지혜를 구해야 한다.

[디모데후서 1:12]
이로 말미암아 내가 또 이 고난을 받되 부끄러워하지 아니함은 내가 믿는 자를 내가 알고 또한 내가 의탁한 것을 그날까지 그가 능히 지키실 줄을 확신함이라

나의 죄를 회개하는 데 있어서는 반드시 예물이 뒤따라야 한다. 나 자신이 더 확신 있게 기도할 수 있도록.

주님의 말씀을 귀 기울여 듣지 않는다면, 다시 물질의 노예가 되는 것입니다. 우리 속에 역사하는 세상을 향해 나가는 방탕 마귀를 예수 그리스도의 이름으로 묶어야 합니다. 내 안에 자리 잡고 있는 것, 주님과 동등 위치에 있는 것, 그것은 바로 **'돈 신'**입니다. 주여. 물질의 노예가 되지 않게 하시고, 물권을 다스리고 지배할 수 있게 하소서.

못하겠다. 아니다. 주님이 보내신 곳이라면 어디든지 가리이다.

예수님의 말씀을 듣지 않는다면 다시 물질의 노예가 됩니다.

주님께 경배를 세 번이나

"교만하지 말거라. 어떤 누구도 다 나의 섭리 가운데서 움직이느니라. 남의 믿음에 휩쓸리지 말고 오직 너는 너를 향하신 주님의 섭리하심만을 깨달으라. 경배를 세 번이나 빼 먹었구나. 성전에서 기도가 겉돌고, 정착이 안되는 것은 4차원의 세계가 있기 때문이다. 기도의 통로가 맞지 않기 때문에 공중에서 분산되느니라."

예수님 : "귀복아."
지귀복 : "예, 주님."
예수님 : "내가 너를 사랑한다."
지귀복 : "예, 주님. 저도 주님을 사랑합니다. 이 게으르고 나태한 죄인을 용서해 주세요."
예수님 : "책을 줄 때 좀 더 복음을 전하면서 주었으면 좋겠구나."
지귀복 : "예, 주님."
예수님 : "책을 항상 가지고 다니면서 전도하거라."
지귀복 : "주님 마음 편하게 복음을 증거해야 하는데 항상 저를 가족이 붙잡습니다. 재촉합니다."
예수님 : "지금은 낮아질 때이다. 곧 조만간에 네 가족의 질서가 바뀌어질 것이다. 모든 것들이 너를 향해 올 것이다. 나의 영광을 위해서 사용하길 바란다.

새벽에 왜 기도를 해야 하는지 알겠느냐? 아버지께서 일하시니 나도 일하는데, 너가 관심이 없다면 그 축복이 어디로 가겠느냐?"

예수님 : "귀복아."

지귀복 : "예, 주님."

예수님 : "나는 너를 사랑하고 정말 지금도 너에게 나타내고 싶다. 하지만 너의 기도가 있어야 내가 말해줄 수 있고, 천국도 올 수 있다는 사실을 잊지 말거라.

그러나 이제는 그 시간이 가까이 오고 있다. 모든 축복의 물줄기가 너를 향해 오고 있구나. 주님이 너를 축복하노라. 축복하노라. 주님이 너를 축복하노라. 모든 축복이 임할지어다. 주 예수의 이름으로 임할지어다. 성령의 바람을 타고 오고 있느니라. 홀연히 임하리라."

지귀복 : "아멘. 주님 영광 받으소서."

[에베소서 3:14-19]

14 이러므로 내가 하늘과 땅에 있는 각 족속에게 15 이름을 주신 아버지 앞에 무릎을 꿇고 비노니 16 그의 영광의 풍성함을 따라 그의 성령으로 말미암아 너희 속사람을 능력으로 강건하게 하시오며 17 믿음으로 말미암아 그리스도께서 너희 마음에 계시게 하시옵고 너희가 사랑 가운데서 뿌리가 박히고 터가 굳어져서 18 능히 모든 성도와 함께 지식에 넘치는 그리스도의 사랑을 알고 19 그 너비와 길이와 높이와 깊이가 어떠

함을 깨달아 하나님의 모든 충만하신 것으로 너희에게 충만하게 하시기를 구하노라

지귀복 : "책에 있는 시를 작곡해서 복음송으로 부를 수 있게 해 주세요. 주님께서 해 주셔야만이 가능한 일입니다. 성령님, 감동 감화로 역사하여 주옵소서."

예수님 : "나는 너의 주님이시다. 내가 반드시 그렇게 행할 것이고, 행하게 할 것이다. 성령의 감동 감화 역사로 일을 행하게 할 것이다.
가만히 보거라. 주가 하신 일들을 지켜보거라. 그 누구도 너에게는 문턱이 높고 어렵게 느껴질지라도 나는 다 할 수 있다는 것을 곧 알게 될 것이다."

지귀복 : "주님은 위대하십니다. 주님은 전능하십니다. 주님은 경배를 받으시기에 합당하신 하나님이십니다. 할렐루야! 보혜사 성령 하나님, 감사와 경배를 드립니다. 나를 이끌어주시고 항상 깨닫게 하시니 감사를 드립니다."

예수님 : "무엇이 두렵느냐? 너는 주님이 함께 하시지 않느냐? 강하게 담대하게 말하거라. 내가 말하는 것은 곧 역사요, 능력이니라."

지귀복 : "아멘."

머리 잡념 훈련

주님은 말씀하십니다.

예수님 : "한 주 동안 머리의 잡념을 훈련했다. 생각으로 지은 죄, 타고 들어오는 것, 어떻게 잘라내야 할 것인가를 말이다. 절제라는 통로를 거쳐야만이 이길 수가 있느니라. 한마디로 인간의 생각으로 갖가지 생각에서 하는 말들과 주님이 주신 생각은 다르니라.

사람의 생각으로 말하는 것이 귀를 기울이지 말고 주님이 어떻게 보시는가에 귀를 기울이고 행하라. 알겠느냐?"

지귀복 : "예, 주님.

예수님 : "인간은 자기의 소유처럼 자기의 만족 속으로 자기의 편리한 대로 이끌어 가길 원하지만, 주님은 그의 심령을 감찰하시기 때문에 속일 수가 없느니라. 결국은 주님께서 이끌어 가실 것인데, 인간은 안달하며 복잡하게 하는 것이란다."

지귀복 : 나의 어리석음을 용서해 주세요. 너무나 주님 앞에 부끄럽고 무지하오니 불쌍히 여겨주시고 바르고 정직하고 깨끗한 심령으로 인쳐 주시고 보혈의 피로 나를 용서하여 주소서.

오직 주님께 경배를 올립니다. 할렐루야! 나의 주님, 나의 아버지. 나를 불쌍히 여겨 주시는 나의 주님, 나를 도우소서.

할렐루야! 성령이여, 바람과 불과 생수와 같이 역사하여 주소서. 보혈의 피. 보혈의 피. 나의 주님. 주님을 사랑합니다. 주님을 사랑합니다. 주님을 경배합니다. 경배받으실 주님 감사합니다."

예수님 : "사랑하는 내 딸아."

지귀복 : "아버지. 영광 받으소서."

예수님 : "그래, 나의 자녀로구나.
　　　　내 사랑하는 딸아, 더욱더 전진하거라."

지귀복 : "아멘. 주 예수여. 영광을 받으소서. 할렐루야!"

전도의 능력의 기름 부음

[시편 130:5-6]
5 나 곧 내 영혼은 여호와를 기다리며 나는 주의 말씀을 바라는도다 6 파수꾼이 아침을 기다림보다 내 영혼이 주를 더 기다리나니 참으로 파수꾼이 아침을 기다림보다 더하도다

성령의 감동 감화에 즉각 반응하라.

(방언 기도 2시간.)

주께서 말씀하시기를,
"너는 멍청하지 않다. 너는 어리석지도 않다. 너는 나약하지도 않다. 너는 능력이 없지도 않다. 너는 무식하지도 않다. 너는 말할 줄도 모르지 않다. 너는 모든 것을 할 수 있다. 나의 능력 안에서. 이모든 것은 내가 준 능력 안에서 채워줄 것이다. "

"아멘."

너는 나를 위해 살아야 하느니라

[시편 121:1-8]
1 내가 산을 향하여 눈을 들리라 나의 도움이 어디서 올까 2 나의 도움은 천지를 지으신 여호와에게서로다 3 여호와께서 너를 실족하지 아니하게 하시며 너를 지키시는 이가 졸지 아니하시리로다 4 이스라엘을 지키시는 이는 졸지도 아니하시고 주무시지도 아니하시리로다 5 여호와는 너를 지

키시는 이시라 여호와께서 네 오른쪽에서 네 그늘이 되시나니 6 낮의 해가 너를 상하게 하지 아니하며 밤의 달도 너를 해치지 아니하리로다 7 여호와께서 너를 지켜 모든 환난을 면하게 하시며 또 네 영혼을 지키시리로다 8 여호와께서 너의 출입을 지금부터 영원까지 지키시리로다

예수님 : "귀복아."
지귀복 : **"예, 주님."**
예수님 : "너는 나를 위해 살아야 하느니라."

일하면서 주님의 말씀을 듣습니다.

지귀복 : "주님. 믿음 좋고 잘할 수 있는 사람이 많고 많은데, 어찌 저 같은 무지하고 천하고 죄악 투성이고, 할 수 있는 것이 아무것도 없는 저에게 시키시려고 하시나요? 저를 구원하신 것, 천국도 보여 주신 것도 너무 감사합니다. 너무나도 주님 말씀대로 행하지 못하고 있는 죄인입니다. 이런 저를 부르시는 주님. 말씀해 주실 수 있나요?"

예수님 : "나는 너를 사랑한다. 너무나 사랑한다. 이제 이미 너와 나의 사랑이 시작되었잖니? 나는 너를 절대 포기하지 않을 것이고, 그 누구를 대신해서도 나는 반드시 너를 내가 원하는 곳에 세울 것이다."

예수님 : "귀복아, 나는 너를 사랑한다."

지귀복 : "예, 주님. 주님의 말씀을 듣고 있으면 내 속에서 눈물이 흐릅니다. 그토록 나를 사랑하신 주님. 그런 내 마음을 가지고 무엇을 할 수 있겠어요? 마음에만 가지고 무엇을 할 수 있겠어요? 제가 무엇을 어떻게 준비해야 하나요? 저의 부족한 것은 주님이 아십니다."

예수님 : "첫째는, 바른 신앙관을 세우거라. 이것은 말씀을 듣고 믿고 행하는 것이다. 못할 때는 그러한 심령을 갖고 있는 것이다.

둘째는, 죄를 회개하는 습관이다. 네 입에서 나간 말을 생각하고 회개하는 습관이다.

셋째는, 물질관이다. 항상 먼저 하나님의 것을 구별해야 한다. 이미 마음속에서부터 기도로 구별을 해야 하느니라.

넷째는, 사람을 대할 때 똑바른 말과 언어로 정확하게 전달을 하거라. 윗사람은 높이고 아랫사람은 사랑으로 대하거라.

다섯째는, 전도하는 습관이다. 항상 주님의 이름으로 전도하고 전화로도 전도하고 기도를 해 주는 습관이다. 기도가 막혔으나 새벽에 기도할 때 기도를 또박또박할 수 있는 지혜와 능력을 줄 것이다. 누구 앞에서도 이제 기도할 수 있는 믿음을 갖게 할 것이다."

[예레미야 33:3]
너는 내게 부르짖으라 내가 네게 응답하겠고 네가 알지 못하는 크고 은
밀한 일을 네게 보이리라

"너는 일찍부터 나의 택한 그릇이었다. 그런데 마귀가 이렇게 하
였구나. 이제는 다르니라. 더 이상은 보고 있을 수가 없도다. 그래
서 주님이 너의 주님이라는 것을 만방에 알게 할 것이다."

예수님 : "귀복아."
지귀복 : "예, 주님."
예수님 : "두려워하지 말고 놀라지 말라. 나는 너의 주님이시니
라. 너가 사모하는 그 기도를 하게 될 것이고, 너가 사
모하는 주님 앞에 말도 하게 될 것이고, 너가 사모하는
예수님을 마음껏 증거하게 될 것이고, 너가 사모하는
그 주님을 만방에 외칠 것이다. 너가 사모하는 지식과
지혜도 초월하게 될 것이고, 성령이 너와 함께하심으
로 모든 것이 다 주님의 계획대로 이루어져 갈 것이다.
이제 일을 이미 시작 되어졌느니라. 책은 내가 역사할
것이다. 또한 너는 그곳에서 간증을 하게 될 것이고, 그
기도로 교통이 이루어질 것이고, 말씀을 들을 때에 깨
달아지는 역사가 일어나리라. 사람의 눈으로 바라보지
말고 항상 주님이 행하시는 일을 보거라. 새벽에 그 제
단에서 내가 말한 것을 생각하면서 울거라. 무조건 울

거라. 네 마음이 이제 좀 평안하냐?”

지귀복 : “예, 주님. 주님을 찬양합니다.”

예수님 : “그래. 사랑하고 축복한다.”

지귀복 : “아멘.”

주님을 인정하는 삶

예수님 : “귀복아.”

지귀복 : “예, 주님.”

예수님 : “나는 너를 사랑한단다. 네 마음이 답답해하는 것을 보
았다. 나는 너를 항상 사랑하고 지켜보고 있단다. 알겠
느냐? 지금도 너는 나의 훈련을 받고 있느니라. 네 자
신을 너무 질책하지 말고 기쁨을 갖거라. 신경 끓이지
말고 평온하거라. 항상 주가 너를 보호하고 계시고 있
다는 것을 기억하고 주님께 여쭈어보고 행할 수 있는
마음 갖거라. 일상생활 속에서 순간순간 나를 인정하
지 않는 것은 무엇이냐? 내가 너를 이렇게 관심과 사
랑으로 보살피고 있는데 나를 드러내지 않는 것은 무
엇이냐? 나의 사랑하는 딸 귀복아. 너는 나의 신부이니

라. 네가 나의 신부인 것을 잊었느냐? 항상 신부는 신랑을 사모해야 하느니라. 너의 육신이 피곤한 것으로도 내가 다 알고있다. 그렇지만, 기도를 해야 되지 않겠니? 앞으로는 모든 것이 다 달라지게 될 것이다.이제 나의 복음을 들고 나아갈 시간이 가까이 오고 있기 때문이다. 나의 책이 전국을 향해서 나갈 것이다. 순식간에 그 책들이 다 소멸되리라. 다시금 책이 출판되어서 또한 서점과 간증할 때 나아갈 것이다. 사랑하는 딸 귀복아. 이러한 일들이 네 앞에 있는데 네가 더 열심히 좀 더 강해져야 되지 않겠니? 나는 네가 잘할 수 있을 것을 믿는다. 나의 능력을 부어 줄 것인즉 어디를 가든지 주님의 보혈을 외치고 회개의 폭포수가 넘쳐날 것이다. 회개의 바람이 성령으로 불어닥칠 것이다."

예수님 : "나의 사랑하는 딸 귀복아."

지귀복 : "예, 주님."

예수님 : "너는 이제부터 주님의 손에 들려 쓰임 받게될 것이다. 성령으로 역사가 일어날 것이다. 일하시는 성령, 행하시는 성령이 역사할 것이다. 네 속에 강한 의지와 담력을 갖거라. 나는 너에게 날마다 말을 해 주고 싶지만, 너가 회개하여서 문을 열 때만 너의 귀에 나의 말이 들리는 것이란다. 알겠느냐? 또한 믿음으로 너는 나를 만날 수도 있단다. 지금은 네가 책을 정돈하는 시기이

니 다시 책을 기록할 때는 동산에 오게 될 것이다.성령의 전신 갑주."

지귀복 : "주님 감사 드립니다. 영광 받으소서. 아멘."

부름 받은 자의 자세

[이사야 60:1]
일어나라 빛을 발하라 이는 네 빛이 이르렀고 여호와의 영광이 네 위에 임하였음이니라

"사랑하는 내 딸아, 나는 너를 강하게 만들기를 원한다. 그러나 내가 준 훈련은 어디 가고, 인간의 종이 되어 있느냐? 너의 가족은 너를 이끌어줄 수 있게 하였건만, 어찌해서 더욱더 예전과 같이 할려고 하는지 모르겠구나. 이제는 달라져야 될 것인데, 자기들의 주관으로만 말을 하고 오직 자기들의 받은 것, 옛 것에 머물러서 시간을 허비하는구나. 더 이상 지체할 수가 없다. 이제는 강하게 직접 주가 개입할 것이다. 너는 가만히 있어 하나님이 너를 향해서 어떻게 하시는가를 보라. 오직 기도와 말씀으로."

예수님 : "귀복아."

지귀복 : "예, 주님."

예수님 : "기도할 때 사람들은 회칠한 마음을 갖고 기도하지 말고 진실하게 했으면 좋겠다. 위선적인 것은 NO! 너를 이끌기 위해서는 은사의 연장을 하고 있느니라."

[욥기 22:27]

너는 그에게 기도하겠고 그는 들으실 것이며 너의 서원을 네가 갚으리라

지귀복 : "주님 답답합니다. 나를 도와주세요."

예수님 : "네 마음이 그렇게 답답하구나. 모든 약을 끊으라. 견디거라. 약을 의존하지 말고 주님을 의지하거라. 너는 지금 달려갈 준비를 하고 있느니라. 너의 무거운 짐은 나에게 다 맡기고 나아갈 준비를 하거라. 책도 주님께서 다 알아서 할 것인즉 열심히 시키는 대로 훈련이나 잘 받거라. 이제 마음이 평안하냐?"

지귀복 : "예, 주님."

예수님 : "너는 좀처럼 말로 해서 바로 깨닫지는 못하는구나. 느낌이 와야 깨닫느냐? 그만큼 나를 부르지 않는구나."

지귀복 : "아닙니다. 주님. 오늘도 하늘을 보고 주님 생각했고, 우체국 갈 때도 주님 불렀습니다. 그런데 자녀의 문제로 마음이 편치가 않았습니다. 그러나 그것도 주님께 맡기렵니다. 제가 어떻게 하겠어요? 주님이 도와주세요.

바르게 나갈 수 있게 도와주시고, 믿음을 갖고 살게 해 주시고, 불쌍히 여겨주세요. 주님. 나는 미약하나 주님은 능력이 많으시니 어디로 가든지 다 알고 계시는 주님. 끊임없이 나를 정신적으로 괴롭게 하는 악한 영들을 물리쳐 주시고 오직 주님의 능력과 권능으로 세워 주소서. 주님, 나는 힘이 없습니다. 주님이 나를 도와주세요. 나는 무지하고 어리석습니다. 주님이 나를 붙들어 주세요. 마음에 오직 예수님만 자리잡게 하시옵소서. 아멘."

보혈의 피. 보혈의 피.

예수님 : "주님은 너의 기도를 받으시기를 원하지만, 위선적인 기도는 받지 않는단다. 또한 사람을 의식하지 말고 회개하거라. 나만 바라보면서 기도하거라. 나는 네가 좋다. 나만 보고 눈물로 기도하는 네가 좋다. 기도하는 영혼 위해, 교회를 위해 기도하는 너가 좋다. 나의 신부야. 이제 성령의 전신 갑주를 쓸 것이다. 환상과 주님의 말씀과 주님의 대화가 합해져서 쓸 것이다."

기도가 부족하다.

예수님 : "기도가 부족하다. 은사가 개발되다 중단하고 있다. 언
제까지 그렇게 있겠느냐? 새벽이 중요하다고 말했지
않니? 일을 앞으로 더 시킬 것인데, 기도가 부족해서
어떻게 하겠느냐? 네 몸에 일어나는 현상은 마지막 점
검을 하는 것이다. 회개하기 때문에 그런 현상이 일어
나느니라. 기도가 더욱 깊어지면 없어지리라. 나는 너
를 만나고 싶은데, 너는 어느 때까지 그렇게 머물러 있
을 것이냐?"

지귀복 : "주님. 주님. 나의 주님. 나를 불쌍히 여기소서. 나는 심
히 주님 앞에 두렵습니다. 죄를 범할까봐 작은 것에도
심히도 떨리나이다. 주님."

예수님 : "사랑하는 딸아, 나는 너의 주님이시다. 두려워하지 말
거라. 나는 너를 평안을 주기를 원하지, 두려워하기를
원하지 않는단다. 네가 앞으로 나의 말에 순종한다면,
두려울 것이 무엇이 있겠느냐? 너는 잘할 것이다.너는
네가 이끌어 줄 것인데, 무엇을 걱정하느냐? 너는 정말
강해질 것이다."

예수님 : "사랑하는 딸, 귀복아."

지귀복 : "예, 주님. "

예수님 : "너의 이름도, 너의 마음도, 너의 신분도, 너 앞으로 장
래도 모두 다 주님이 설계하고 지도하신다는 것을 잊
지 말거라."

지귀복 : "예, 주님."

예수님 : "이것을 망각하면 너는 마음이 괴롭게 될 것이고, 우왕
좌왕하게 되므로 혼란이 오느니라. 첫째도 주님의 뜻
대로, 둘째도 주님의 뜻대로, 셋째도 주님의 뜻대로 살
거라. 알았느냐?"

지귀복 : "예, 주님."

예수님 : "나는 너와 항상 대화하기를 원하지만, 악한 것이, 마
귀가 그것을 방해하느니라. 너의 생각을 통해서 죄책,
죄 의식, 여러 가지 나약한 마음을 통해서 침체시키려
고 하느니라. 그래서 말씀 안에서 서라. 네가 힘든 새벽
시간을 주님께 드려야 되지 않겠니? 너를 힘들게 불러
서 세웠으니 굳세게 서서 강하고 담대하게 복음을 외
치거라."

지귀복 : "아멘."

주님이 사랑하신 종에게

[이사야 22:22]
내가 또 다윗의 집의 열쇠를 그의 어깨에 두리니 그가 열면 닫을 자가 없
겠고 닫으면 열 자가 없으리라

"사랑하는 나의 종에게 말하노라. 말하는 이는 너의 주님이시오,
너의 시작과 끝이니라. 내가 너를 보고 있노라. 무엇이 그리도 분
주하느냐? 너의 육신의 연약함도 내가 보고 있노라. 무엇을 어떻
게 할지 모르겠구나."

[마태복음 11:2-6]
2 요한이 옥에서 그리스도께서 하신 일을 듣고 제자들을 보내어 3 예수
께 여쭈오되 오실 그이가 당신이오니까 우리가 다른 이를 기다리오리이
까 4 예수께서 대답하여 이르시되 너희가 가서 듣고 보는 것을 요한에게
알리되 5 맹인이 보며 못 걷는 사람이 걸으며 나병환자가 깨끗함을 받으
며 못 듣는 자가 들으며 죽은 자가 살아나며 가난한 자에게 복음이 전파
된다 하라 6 누구든지 나로 말미암아 실족하지 아니하는 자는 복이 있도
다 하시니라

"세례 요한이 옥에 잡혔을 때, 제자를 보내어 내게 묻기를, '오실
그이가 당신이오니까? 우리가 다른 이를 기다리오리까?' 하고 물

을 때 내가 행한 기적을 말해줄 것을 말하였노라. 누구든지 나를 인하여 실족하지 아니하는 자는 복이 있도다. 그렇게 회개의 메시지를 전했던 요한도 인간의 연약함을 느낄 때 오실 그이가 당신이오니까? 하고 묻지 않았느냐? 하물며 너희일까 보냐? 믿음이 연약하여서 왜 의심하려고 하느냐? 나는 너에게 지금까지 한번도 돌아선 적이 없었고 너의 기도에 지금도 응답하기를 원하노라.

내가 너에게 많은 꿈을 주었고 또한 비전을 주고 있느니라. 그러나 너는 그것을 깊이 묵상하기보다는 너의 바쁜 나날 속에 그만 너의 모습이 경직되어 가고 있느니라. 사람은 연약한 그릇이라. 주님이 어루만져 주지 않으시면 문제가 생길 수밖에 없는 육신을 입고 있는 너이기에 나는 항상 너를 만져주기를 원했고 치료하기를 원했지만, 너는 너무나 분주하므로 나와 진지하게 대화를 하지 못했었노라. 심히 사랑하고 내가 지켜보는 나의 종아. 내 말 좀 들어 보렴.

너는 나에게서 은혜를 받고 지금까지 오직 예수님께 올인한다고, 올인하고 싶은 마음으로 열심과 열정을 가지고 전진해 가는 것을 아노라. 그러나 나는 말이다. 그보다 더 중요한 것을 원한단다. 그것은 바로 너이니라. 너의 몸이 지치고 힘이 든다면 나는 그만 기쁘지가 않단다. 그 무엇으로도 그것을 회복케 할 수 있겠느냐? 오직 나의 빛으로만이 생명 되신 주님의 빛으로만이 가능하단다."

"사랑하는 종아, 나는 네가 귀중하단다. 너에게 맡겨준 양 떼가 있지 않니? 또한 사랑하는 너의 자녀가 있고, 아내가 있지 않니? 그래서 너는 몸을 잘 보살펴야 하느니라. 나는 매우 안타까워했었노라. 너의 그 질주하는 성격과 오직 나를 향해 달려가는 연약한 너의 육체에 쉼과 평강을 주길 원하노라. 이제는 평안을 얻고 살았으면 좋겠구나. 사랑하고 귀한 나의 종아, 세상은 그리 만만치가 않단다. 다 너의 마음 같지도 않고, 힘이 없고 지쳐있는 너의 모습 속에 나는 너를 향해서 평강과 치료를 주기를 원하노라."

주님은 말씀하십니다.
"주 예수의 이름으로 치료함이 임할지어다. 주 예수의 이름으로 영혼을 소생케 하는 빛이 임할지어다. 주 예수의 이름으로 새로운 비전이 임할지어다. 주 예수의 이름으로 열방을 향해 나아갈 준비를 할지어다. 주 예수의 이름으로 말씀의 은사가 충만히 임할지어다. 주 예수의 이름으로 방언의 통역의 역사가 임할지어다. 주님이 너를 축복하길 원하노라."

[마태복음 14:29-33]
29 오라 하시니 베드로가 배에서 내려 물 위로 걸어서 예수께로 가되 30 바람을 보고 무서워 빠져 가는지라 소리질러 이르되 주여 나를 구원하소서 하니 31 예수께서 즉시 손을 내밀어 그를 붙잡으시며 이르시되 믿음이 작은 자여 왜 의심하느냐 하시고 32 배에 함께 오르매 바람이 그치는지라 33 배에 있는 사람들이 예수께 절하며 이르되 진실로 하나님의 아들이로소이다 하더라

바람을 잠잠케 하신 예수께서 말씀하시기를,

"지금은 네가 영혼의 충전과 육신의 치료를 받을 때라. 모든 것을 내려놓고 하루에 세 번씩 시간을 정해서 말씀과 기도를 통해서 내가 너에게 말을 할 수 있도록 다시 한번 회개하기를 원하노라. 나의 임재가 성령으로 임하기 위해서는 회개라는 통로가 필요하고, 모든 죄를 나의 보혈의 피로 깨끗이 씻기우기를 원하노라. 시간은 일주일. 모든 것을 뒤로 하고, 성전에서 기도와 말씀으로 침묵하면서 오직 주님의 음성에 귀를 기울이고 말씀을 기다리라. 내가 네게 임할 것이고, 너의 모든 영육을 치료하기 원하며 새롭게 하기를 원하노라.

나를 바라는 자는 결코 힘들어하지 않고, 나를 사모하는 자는 그 얼굴에서 나의 빛이 나타나느니라. 너는 내가 택해서 불러 세웠으니 나를 만나고, 나를 만날 그날까지 열심히 굳세게 서서 온유함과 겸손하면서 강한 말씀의 메시지를 통해서 사람의 심령을 치료할 수 있는 새로운 영적 리더자가 될 것이고, 그러기 위해서는 너희 자신을 다스려야 하지 않겠니?

그리고 말씀을 읽는 일에 게을리해서는 안되고, 사람의 생각이 들어오면 그때부터 너의 모습은 스스로가 작아지고, 인간의 육신의 짐이 되어서 너를 짓눌리게 되느니라. 이 세상의 것들을 너는 너무나 잘 알고 보아왔지만, 그것을 말씀의 지혜로서 풀려고 하지는 않고, 너의 머리와 지식으로 그것을 짜 맞추지 말고 주님께 맡기고 의지하거라."

[잠언 4:8-9]

8 그를 높이라 그리하면 그가 너를 높이 들리라 만일 그를 품으면 그가 너를 영화롭게 하리라 9 그가 아름다운 관을 네 머리에 두겠고 영화로운 면류관을 네게 주리라 하셨느니라

"네가 나를 의지하지 않고 나를 찾지 않는다면, 나는 너를 더 이상 개입할 수가 없게 되는 것이다. 너와 나 사이에 벽이 생기면 아니 되느니라. 수고하고 무거운 너의 짐을 다 내려놓거라. 나는 너를 부를 때에 나의 생명의 빛을 너에게 쥐어 주었노라.

그러나 그 빛은 어느새 다 소멸되고, 이제 육신이 힘들어서 세상의 말로 하자면, 깡으로 살아가는구나. 그래, 그렇게 계속 질주를 할 것인가, 자신을 점검할 것인가?

나는 너를 사랑한다. 너의 모든 것을 다 사랑하고 나를 향한 너의 사랑도 내가 다 안다. 그러나 경기하는 자가 법대로 하지 아니한다면 결국 곧 상을 얻을 수가 없듯이 내가 주는 능력 안에서 너를 돌아보면서 일을 해야 내가 기뻐하지 않겠니? 분주하고 복잡하게 영적 무질서 속에서는 성령이 역사할 수가 없느니라.

이렇게 네게 말을 많이 해 줄 수 있는 것은 너를 통해서 하고자 하는 일이 있기 때문이니라. 영적으로 부지런하고 열심을 품으며 좀 더 주님께 여쭈어보는 삶이 되었으면 하고, 오늘 하루의 삶이 희망차고 기쁨과 성령이 충만해서 무엇을 하든지, 어디로 가든지 사람들이 얼굴만 보아도, 해같이 빛나는, 빛이 나는 영의 사람이 되었으면 하는구나. 내가 결코 너의 수고를 잊지 않을 것이고 네가

나를 만날 때에 생명의 면류관을 네게 주리라."

할렐루야!

[요한계시록 2:8-11]
8 서머나교회의 사자에게 편지하라 처음이며 마지막이요 죽었다가 살아
나신 이가 이르시되 9 내가 네 환난과 궁핍을 알거니와 실상은 네가 부요
한 자니라 자칭 유대인이라 하는 자들의 비방도 알거니와 실상은 유대인
이 아니요 사탄의 회당이라 10 너는 장차 받을 고난을 두려워하지 말라
볼지어다 마귀가 장차 너희 가운데에서 몇 사람을 옥에 던져 시험을 받게
하리니 너희가 십일 동안 환난을 받으리라 네가 죽도록 충성하라 그리하
면 내가 생명의 관을 네게 주리라 11 귀 있는 자는 성령이 교회들에게 하
시는 말씀을 들을지어다 이기는 자는 둘째 사망의 해를 받지 아니하리라

죄! 죄! 죄! 걷어내는 작업

주님의 복음 전하는 용사로 거듭나게 하소서. 주님의 크신 은혜, 날 구원하신 그 사랑, 감사와 찬양과 경배를 드립니다.

끊임없이 솟아나는 죄의 습성. 잡초 같은 죄악성을 처리해야 합니다. 회개라는 통로를 통해서, 주님의 보혈을 의지하면서 기도할 때 들판의 잔디를 깎듯이 깨끗이 제거를 해야 합니다. 끊임없이 이 작업을 통해서 뿌리까지 갈아엎는 작업을 해야만이 죄의 잡초가 올라오지 않으므로 그제야 옥토로 되어서 무슨 씨앗이든 뿌리면 싹이 나고 열매를 맺게 되는 것입니다.

가장 중요한 것은 모두가 다 이 작업을 시작했으나, 끝까지 하지 않으므로 실패를 하게 되고 제 2의 잔디를 깎다 말고 다시 무성한 풀이 자라있는 것을 볼 수가 있습니다. 우리의 죄성은 그 무엇으로도 해결할 수가 없습니다. 오직 예수 그리스도의 피, 그 보혈의 능력만이 나의 죄를 씻을 수가 있고 회개를 통해서 용서를 받을 수가 있습니다.

나를 살리신 아버지 하나님, 감사합니다. 나를 죄에서 살리신 예수님, 그 머리에 가시관을 쓰시고 물과 피를 흘리셔서 나를 구원하신 주님, 감사를 드립니다. 나를 불쌍히 여기시고 성전을 더럽힌 이 죄인을 살리신 보혜사 성령님, 감사를 드립니다. 이 죄인을 살리신 아버지 하나님, 감사를 드립니다.

아~~ 이 보혈의 피로, 보혈의 피로 성령의 전신갑주를 입으라.

내 영혼아, 주를 찬양. 내 속에 있는 것들아, 다 그 주님을 찬양하라! 보혈의 피. 보혈의 피. 그 주님이 흘리신 보혈의 피. 나의 전신 갑주가 되어 흐르네. 마귀를 이길 수 있는 능력을 주시네. 한없이 흐르는 그 주님의 놀라우신 사랑이 이 아침에도 나의 온몸에 흘러내리네. 아멘.

[로마서 8:1]
그러므로 이제 그리스도 예수 안에 있는 자에게는 결코 정죄함이 없나니

예수님 : "주님은 인격적으로 내 안에 성령으로 계시기에 사람과 대화하듯이 항상 해야 한다. 잊어버리고 무시해버리면 안 된다. 내면에서 말씀하시는 주님의 성령의 세미한 음성에 귀를 기울이는 자는, 영적으로 깨어있는 자란다. 나는 너와 항상 대화하고 싶고, 가르쳐 주고 싶고, 함께 하고 싶으나, 그것을 받아들이지 않으면 그렇게 할 수가 없단다. 사람은 육신을 입고 이 땅에 살아가고 있기에 삶이 분주하고 얽매이기 쉬운 생활의 일들

이 항상 사람을 지배하면서 끌고 가기 때문에 쉽게 마음을 열기가 어렵단다. 너는 항상 너희가 너희 마음을 나에게 열어 주었으면 좋겠구나."

지귀복 : "예, 주님. 제가 어떻게 해야 할까요?"

예수님 : "입술로는 찬양, 마음으로는 감사. 입술로는 기도, 입술로는 전도, 입술로는 회개. 이러한 자는 열린 마음이 되느니라. 알았느냐?"

지귀복 : "예, 주님."

[요한계시록 3:20]
볼지어다 내가 문밖에 서서 두드리노니 누구든지 내 음성을 듣고 문을 열면 내가 그에게로 들어가 그와 더불어 먹고 그는 나와 더불어 먹으리라

위대하신 주 보혈

예수님 : "귀복아. 나를 무서워하지 말거라. 주님 앞에 고백하고 고백하는 습관을 갖거라. 나는 너를 사랑한단다. 너의 잘못된 것들은 회개기도하고 버리라. 나의 보혈의 피로 씻기라."

지귀복 : "주님. 감사합니다. 기도의 통로로 인도해 주시니 감사
        합니다. 나 같은 죄인을 살리신 주님, 감사합니다. 주
        님의 보혈의 피는 너무나 위대하시고 능력이 한이 없
        으십니다. 오, 할렐루야! 이 보혈의 피를 의지하고 회
        개하니 나의 기도의 통로가 활짝 열렸네. 주님, 감사합
        니다. 보혜사 성령 하나님, 내주하시고 역사 위로하시
        고 조명하셔서 죄를 깨닫게 회개할 수 있게 도와주시
        니 감사를 드립니다. 듣는 것도 잘 들어야 합니다. 악한
        것이 역사하기에."

예수님 : "마귀를 묶으라."

지귀복 : "성령의 도움을 받아 회개합니다. 악한 마귀사단에게
        잡혀 있는 자, 하나님의 말씀으로 묶을 수 있는 강한 영
        권을 주시기를 원합니다."

예수님 : "세상의 말을 자꾸 들으면 영이 혼란스럽고 순수함이
        없어지느니라. 귀복아. 남의 것에 귀를 기울이지 말고,
        너에게 주님이 주신 것을 잘할 수 있게 훈련하거라."

믿음이 식어 있는 영적 상태

[요한계시록 3:15-16]
15 내가 네 행위를 아노니 네가 차지도 아니하고 뜨겁지도 아니하도다 네가 차든지 뜨겁든지 하기를 원하노라 16 네가 이같이 미지근하여 뜨겁지도 아니하고 차지도 아니하니 내 입에서 너를 토하여 버리리라

세 번째 책을 기록하기 전, 주님께서 인도해 주신 교회에 출석하게 되었고, 그곳에서 주님 앞에 예배를 드릴 수 있다는 것이 너무나 행복했습니다. 예전에는 그런 것을 별로 못 느끼면서 신앙생활을 했지만, 목사님께서 은퇴를 하고 나시니 막상 가정에서 두 딸과 함께 예배를 드렸습니다. 저희 두 딸은 아직 신앙이 성장해야 할 시기인데 집에서 예배드리고 있을 때 저는 기도했습니다. 주님께서 이 아이들과 저에게 말씀으로 양육받을 수 있는 교회로 인도해 주시라고.

주님께서 인도해 주신 그곳에서 예배를 드리고 설교를 들을 때에는 주님은 말씀을 나의 마음판에 새기고 나의 머리 속에 심기운 것처럼 섬세하게 가르쳐주십니다. 나는 그 예배를 드리면서 너무나 크게 외치고 싶은 마음이 듭니다. "주님 사랑해요." 하고.

주님은 말없이 그 예배의 모든 것을 지켜보고 계시고 그곳에서 예배가 끝날 때까지 은혜의 강물은 흐르고 있습니다.

[히브리서 11:6-8]

6 믿음이 없이는 하나님을 기쁘시게 하지 못하나니 하나님께 나아가는 자는 반드시 그가 계신 것과 또한 그가 자기를 찾는 자들에게 상 주시는 이심을 믿어야 할지니라 7 믿음으로 노아는 아직 보이지 않는 일에 경고 하심을 받아 경외함으로 방주를 준비하여 그 집을 구원하였으니 이로 말미암아 세상을 정죄하고 믿음을 따르는 의의 상속자가 되었느니라 8 믿음으로 아브라함은 부르심을 받았을 때에 순종하여 장래의 유업으로 받을 땅에 나아갈 새 갈 바를 알지 못하고 나아갔으며

예배도 믿음으로 드려야 합니다. 저에게 바램이 있다면, 제가 언제까지 이 책을 계속 쓸지는 잘 모르겠지만, 항상 주님께 예배를 드릴 수 있는 은혜와 성전에 나가 어린 자녀들이 주의 전에 심기어져 열심히 주님께 봉사하고 기쁨으로 주님을 경외할 수 있는 자녀들이 되었으면 합니다. 나의 기도를 이미 들으신 주님께 감사를 드립니다.

세 번째 책을 기록하기 전, 저는 말씀의 이해력이 좀 부족합니다. 그래서 성경을 읽을 때 답답함도 있습니다. 그런 저에게 주님께서 인도해 주신 곳은 저의 마음속에 생각하는 갈증을 해결해 주셨습니다. 그곳에서 처음 설교를 들을 때 말씀의 은혜가 나의 심령의 골수를 찔러 쪼개기까지 하는 놀라운 메시지가 나의 심령의 문을 열리고 있었습니다.

[히브리서 4:12]

하나님의 말씀은 살아있고 활력이 있어 좌우에 날선 어떤 검보다도 예리하여 혼과 영과 및 관절과 골수를 찔러 쪼개기까지 하며 또 마음의 생각과 뜻을 판단하나니

저는 주님께 감사를 드렸습니다. 세상에 이런 일이. 이 놀라운 역사와 은혜를 그 누구와 나눌 수 있겠습니까? 그곳에 예배드리는 사람은 모두 다 행복해야 할 것입니다. 만약에 은혜가 임하지 않는 사람도 있다면, 받아들이는 것도, 거부하는 것도 나의 속에 있는 믿음으로 결정하는 것입니다. 믿음의 눈을 가지고 본다면, 복음을 전하지 않고는 견딜 수가 없습니다. 죽어가는 저 영혼을 바라보시는 주님, 주님의 그 눈물을 저는 아직도 생생하게 기억합니다. 한 영혼이라도 주께로 돌아올 수 있다면, 주님은 기다리십니다. 나의 인생의 작은 끝자락만큼만이라도 주님께 드리는 삶을 산다면, 그 주님은 선포하고 전하는 자가 되는 것입니다. 강권해서 내 집을 채우라고. 주님. 성령의 전신 갑주를 두 번이나 언급하십니다.

[누가복음 14:23-24]

23 주인이 종에게 이르되 길과 산울타리 가로 나가서 사람을 강권하여 데려다가 내 집을 채우라 24 내가 너희에게 말하노니 전에 청하였던 그 사람들은 하나도 내 잔치를 맛보지 못하리라 하였다 하시니라

예수님 : "내가 네게 물권을 주어서 책을 네가 원하는대로 출판

할 것이고, 이사도 갈 것이고, 네 자녀들도 크게 평강
할 것이고, 물권이 임하면 모든 것이 다 달라지느니라.
그럴수록 더욱 낮아지고 기도하고, 주님의 뜻이 무엇
인가 잘 헤아려서 행하길 바란다. 사랑하는 내 딸, 귀
복아. 나는 너의 주님이시다. 사랑한다. 요 며칠은 내가
훈련을 하지 않음으로, 영적인 힘이 나약해져 가고 있
는 것을 보았다. 오늘부터는 새롭게 달라질 것이고, 다
시금 성령의 기름을 부을 것이고, 말씀 속에서 나를 만
날 것이다. 이 훈련을 하다 중지되었다. 입술로 범죄하
지 말거라. 사랑, 기쁨, 감사, 충만. 오직 예수, 오직 믿
음. 귀복아, 귀복아. 나의 신부야. 나만 생각해라.”

지귀복 : “아멘. 예, 주님.”

예수님 : “네가 나가는 그 제단을 내가 축복하리라. 그곳에 놀라
운 부흥의 열풍을 일으킬 것이다. 또한 은혜가 있는 곳,
이 지역에서 가장 큰 교회로 세울 것이다. 네가 가는 곳
은 이미 복을 받은 것이다. 그것은 나와, 너와 함께 동
행하기 때문이다. 너는 그 성전에 가면 반드시 교회를
위해서 축복기도를 하거라. 너의 두 딸도 믿음을 줄 것
이다. 성령이 터치할 것이다.”

[빌레몬서 1:6]
이로써 네 믿음의 교제가 우리 가운데 있는 선을 알게 하고 그리스도께
이르도록 역사하느니라

나의 복음을 전해다오.

[요한복음 3:16-18]
16 하나님이 세상을 이처럼 사랑하사 독생자를 주셨으니 이는 그를 믿는 자마다 멸망하지 않고 영생을 얻게 하려 하심이라 17 하나님이 그 아들을 세상에 보내신 것은 세상을 심판하려 하심이 아니요 그로 말미암아 세상이 구원을 받게 하려 하심이라 18 그를 믿는 자는 심판을 받지 아니하는 것이요 믿지 아니하는 자는 하나님의 독생자의 이름을 믿지 아니하므로 벌써 심판을 받은 것이니라

주께서 말씀하시기를,
"사랑하는 나의 딸아, 강하고 담대하게 나의 복음을 외치기 위해서는 너의 심적 갈등과 죄성들을 단호하게 끊어내지 않고서는 아무것도 할 수 없다. 모든 것은 믿음으로 하는 것이다. 근심과 염려, 두려움으로 하는 것이 아니고, 나를 믿는 믿음으로 하는 것이다. 내가 너를 새롭게 한 것은 다시는 그러한 죄성이 들어가지 못하게 다 깨끗하게 했으니 네가 그것을 단호하게 발로 깔아 뭉기거라. 그것을 누르고 지배하고 버리라. 흐리디한 생각을 버리고, 오직 예수가 너의 심장에 박혀서 지시하심을 기억하고 담대히 하거라. 모든 것은 다 내가 알아서 할 것이다. 믿음의 고백과 선포하는 한 주간이다."

예수님 : "사랑하는 나의 딸아, 이제는 용사의 훈련으로 들어갔
느니라. 용사는 굽힐 줄 모르는 용기와 담대함으로 전
진하는 것을 아느냐? 용사같이 매섭고 강한 메시지가
나올 수 있는 너의 모습이 될 수 있게 훈련하는 것이
다."

지귀복 : "나는 복음을 들고 나아가는 용사입니다."

예수님 : "나는 아직 너를 향한 말이 안 끝났다."

지귀복 : "예, 주님. 나와 같은 죄인을 사랑해 주신 주님. 감사와
경배를 올립니다. 저는 주님께 드릴 것이 없어요. 무엇
으로 주님께 보답할까요? 주님, 주님이 시키신 일을 하
겠어요. 주님 말씀해 주세요."

예수님 : "내가 너에게 말하면 할 것이냐?"

지귀복 : "예, 주님. 무엇이든지 할 수 있을 것 같습니다."

예수님 : "네가 나가고 있는 성전의 길에서 전도지로 하루에 한
시간씩 전도를 하는 것으로 어떻겠느냐?"

지귀복 : "예, 주님."

주님의 용사 같이

[요한복음 4:13]
예수께서 대답하여 이르시되 이 물을 마시는 자마다 다시 목마르려니와

예수님 : "사랑하는 딸, 귀복아."

지귀복 : "예, 주님."

예수님 : "네 몸이 춥고 떨리는 것은 영적인 힘이 빠져나가기 때
문이단다. 기도할 때도 힘이 나가는 것이다. 영혼을 위
해서 기도한다는 것은 그리 쉬운 것이 아니지만, 이제
주님의 용사 같이 주님이 말씀하시면, 벌떡 일어나 순
종해야 하느니라. 제자들도 육신의 잠을 이기지 못했
지만, 깨어 기도하지 않으면, 시험에 빠지게 되느니라.
너를 집요하게 괴롭게 하는 마귀들이 이제는 다 떠나
갔느니라. 너는 나의 복음의 용사이니라. 기도를 해 주
는 사람이 동역자. 주님의 능력을 가지고 너의 기도를
통해서 역사하느니라."

지귀복 : "아멘."

전신 갑주의 책의 표지

예수님 : "사랑하는 나의 딸아, 나는 너의 주님이시다. 너의 믿음
의 눈을 넓히고 있느니라. 실망하지 말고, 낙심하지 말
거라. 나는 항상 구름 저편에서 너를 보고 있다고 했지
않니? 내가 너를 택한 것은 모든 것을 다 알고 택했고,
너의 모든 것을 내가 다 알고 있느니라. 주님의 넓으신
그 사랑과 그 높으신 은혜에 감사함으로 나아가거라."

지귀복 : "나의 수고하고 무거운 심령의 짐을 말씀과 기도로 깨
끗이 제거되는 놀라운 역사가 있게 하시고 강하고 담
대한 믿음의 용사가 되게 하소서. 주님, 감사합니다."

예수님 : "사랑하는 내 딸아, 이제 또다시 조금씩 너의 영을 열 것
이다. 왜냐하면 또 책을 기록해야 하기 때문이다. 그것
은 성령의 전신갑주다."

지귀복 : "예, 주님. 주님을 찬양합니다."

예수님 : "주로 밤에 이루어질 것인즉, 낮에는 너의 일을 보고 예
배를 잘 드리거라."

지귀복 : "아멘."

참된 자유

[누가복음 4:16-19]
16 예수께서 그 자라나신 곳 나사렛에 이르사 안식일에 늘 하시던 대로 회당에 들어가사 성경을 읽으려고 서시매 17 선지자 이사야의 글을 드리 거늘 책을 펴서 이렇게 기록된 데를 찾으시니 곧 18 주의 성령이 내게 임 하셨으니 이는 가난한 자에게 복음을 전하게 하시려고 내게 기름을 부 으시고 나를 보내사 포로된 자에게 자유를, 눈 먼 자에게 다시 보게 함 을 전파하며 눌린 자를 자유롭게 하고 19 주의 은혜의 해를 전파하게 하 려 하심이라 하였더라

예수님 : "사랑하는 딸아, 참된 자유가 임하니 기쁘냐?"
지귀복 : "예, 주님."
예수님 : "진리는 마치 흐르는 물과 같단다. 물이 머무는 곳에는
　　　　 시원함과 상쾌함이 오듯이 진리의 말씀이 머무는 곳에
　　　　 는 참 자유함이 있단다. 내가 많은 사람들에게 이 진리
　　　　 의 말씀을 말하고 또 말하거늘, 저들은 받아들이지를
　　　　 않고 제 갈 길로 가고 있지 않니? 내안에 거하는 너를
　　　　 보니 나는 참 기쁘구나. 너의 아침이슬 같은 그 영롱한
　　　　 눈망울이 아름답구나. 나를 가진 자는 그 무엇도 부러
　　　　 울 것이 없단다. 내 생명을 품고 있는데 무엇이 그들을

엄습하겠느냐? 세상의 그 어떤 것도. 환란이나 적신이나 칼이랴? 샘 솟듯이 넘쳐나는 나의 진리 안에 거한다면 너의 마음은 날마다 유쾌하게 될 것이야. 나사로를 자유케 한 내가 아니더냐? 내 말은 곧 영이요, 생명이니라. 내가 부르면 모든 것이 머물고, 내가 말하면 모든 것이 서느니라. 나는 곧 진리이기 때문이다. 아버지의 영이 내 안에, 내가 너희 안에 머무는 그 말씀이 성령께서 조명해 주시는 진리의 말씀이니라. 이제는 깨달음이 오는 것이냐? 오랜 세월, 알 수 없는 삶 속에서 겉을 바라본 네가 이렇게 진리 안에서 머무는 것을 보니 나의 참된 십자가에 의미가 있구나. 이것이 천하보다 귀한 영혼이라고 하는 것이다. 너를 얻기 위해 지금껏 기다려야 하는 나의 마음을 알았더라면, 네가 그렇게 한가한 삶을 살지는 않았을 것이다. 이제는 세월을 아끼거라. 좀 더 내 안에 깊이 들어와 내 살이 되고, 내 피가 되었으면 한다. 너의 절규하고 통곡하는 영혼의 소리를 들으니 마치 내가 십자가 위에서 부르짖을 때가 생각나는구나. 십자가는 그 누군가의 피를 먹고 사는 것과 같다. 쓰디쓴 고난과 역경의 신음 소리에 토해내는 피를 먹는 것이다. 이제 네 영혼이 자유함을 얻었으니 나는 참 기쁘구나. 흔들림 없는 굳센 믿음으로 나의 진리의 말씀의 복음을 전해다오."

지귀복 : "아멘. 살아계신 주님, 진리의 말씀으로 성령으로 임하여 주시니 감사 드립니다. 나의 생명 되신 주님. 아멘."

나는 죄인입니다.

[히브리서 3:4]
집마다 지은이가 있으니 만물을 지으신 이는 하나님이시라

성령님과 인격적으로 동행하는 삶.

아무리 쓰임 받아도 죄인의 자리에 돌아가서 고백할 때 죄인이라는 사실을 알게 된다.

어느새 의인이 되버린 모습. 은혜는 내려주시지만, 이미 성령님께서 통치할 수가 없다. 자기의 인간의 생각이 드러나 버리기 때문이다.

[고린도전서 15:31]
형제들아 내가 그리스도 예수 우리 주 안에서 가진바 너희에 대한 나의 자랑을 두고 단언하노니 나는 날마다 죽노라

깊은 기도로 들어가야 됩니다. 나는 죄인입니다. 더럽고 추한 죄인입니다. 성령님 인도해 주시옵소서.

세상 사람들과 이야기하면서 나를 드러내는 순간, 이미 회개의 통로는 막힌다. 인간의 생각으로 하는 모든 것들로부터 주님 앞에 철저하게 무릎을 꿇어야 한다. 그것이 나를 살리는 일이다. 주의 일을 하고도 얼른 죄인이라는 사실을 인정해야만 산다. 엎드리는 것이다. 보좌 앞에 엎드리는 것이다.

예수님 : "귀복아."
지귀복 : "예, 주님."
예수님 : "왜 네가 답답하고 기쁨이 없는지 아느냐?"
지귀복 : "예 주님. 뭔지 모르겠어요."
예수님 : "너의 맘이 나의 사랑이 둥지를 틀지 못하고 자꾸만 밀어내기 때문이다. 세상의 습관과 세상의 방법이 그렇게 만드는 것이지. 그래서 마음은 점점 힘들어가고 메말라 가는 것이다. 기도와 말씀이 없이는 어찌 이 사역을 감당하겠느냐?"
지귀복 : "주님 너무 힘들어요. 마음이 정신이 몸이 지쳐있어요."
예수님 : "나를 온전히 따르면 힘들지 않을 것을. 너의 고집과 방식대로 살려고 하니까 그러지."
지귀복 : "주님. 말씀은 머리 속에 들어오지 않고, 공부도 어렵고, 치과 치료도 힘들어요. 너무 오래 걸리고, 사역도

해야 하는데요."

예수님 : "복잡한 영들은 예수의 이름으로 떠나가라!"

지귀복 : "아멘."

기도의 줄

영적인 것 한 번 기도의 줄을 놓치면, 그 기도줄을 잡기가 얼마나 어려운지 모릅니다. 이 세상에서 가장 중요한 것이 있다면, 기도의 줄을 타는 것입니다. 이 기도의 줄을 타고 주님을 만나게 되고, 천국까지 이르게 되는 것입니다.

그러나 이미 시간은 지나버렸고, 나이가 들어서 답답함만 호소하는 자에게 주님은 말씀하십니다. 영적인 지혜를 받으라고. 그로 말미암아 세상을 이기는 믿음을 가지라고. 주님은 우리의 진심을 보시고, 은혜를 주십니다.

나의 속에 있는 모든 더러운 찌꺼기를 제거하지 않고서는 절대로 성령이 이끄시는 기도의 통로로 들어갈 수 없습니다.

여러분, 우리는 속지 말아야 합니다. 마귀는 오늘도 영적 게으름과 안일함, 내일로 미루게 하고 열정을 식게 만드는 일을 합니다. 이 마지막 때에 한가하게 시간을 보낼 때가 아닙니다. 우리는 준비해야 합니다. 주님의 군사로 부름 받는 자의 모습으로 더 열심히 성경 읽고, 더 열심히 주님을 찾고, 더 열심히 복음을 전하고, 더 열심히 회개하고, 더 열심히 성령과 교통하기 위해서는 순종하는 삶을 살아야 합니다. 이런 것에서 빗나가게 한다면, 마귀가 우리를 자기의 노선으로 끌고 있다는 것입니다.

기도할 때도 생각을 해야 합니다. 모든 기도가 다 열납되어지는 것은 아닙니다. 어떤 기도는 열납되고, 어떤 기도는 자기가 기도한 자리에 수북히 글자로 써서 종이가 쌓여있습니다.

그러면 어떤 기도가 열납이 될까요?

먼저는, 하나님 아버지에 합당한 기도입니다. 먼저 우리는 그의 나라와 그의 의를 구하는 삶이 되어야 합니다. 과연 주님이 기뻐하시는 일이 무엇일까?

우리가 입술을 열어 찬양할 때 기뻐하시지만, 먼저는 나를 깨끗케 하시는 것을 기뻐하십니다. 나를 깨끗케 하기 위해서는 나를 묶고 있는 마귀를 예수님의 이름으로 물리치고, 그다음 나를 죄에서 구원하신 하나님 아버지께 감사의 기도를 드려야 하고, 그리고 회개기도를 해야 합니다. 그다음 나의 간구하는 기도들을 드려야 합니다.

그러면 성령님의 임재하심으로 기도의 능력과 새 힘과 확신이 찬 신앙의 고백이 나오게 됩니다.

내 백성이여 들으라

주님은 말씀하십니다.

예수님 : "세속화되어 가고 있다. 감각이 없다. 주님의 백성들이 주님을 기쁘시게 할 종들이 눈 가리고 아웅하는 것이 아니고 뭐냐? 신본주의가 아니라 인본주의로 우상이 되어버렸다. 나는 회개하기만 기다린다. 그래야 내가 들어갈 수 있기에. 성령으로 그 나무를 보면 열매를 알 수 있다. '그 아버지에 그 자녀'라는 말이 있듯,이 시대에 지금의 열매가 그것을 잘 표현한 것이다. 너무나 높아서 나도 들어갈 수가 없다. 그 무엇이 그들을 그렇게 만들었을까? 사무엘상 15장처럼 인간의 탐심에 빠진 자들은 악신에 시달리고 있다. 이미 위치가 바뀌었는데도 그 모습 그대로 나의 이름을 가지고 하고 있지. 누구든지 교만하면 모두가 다 그렇게 된다. 너도 물질에 대한 것은 경계를 해야 할 부분이다. 알겠느냐?"

지귀복 : "예. 주님."

[로마서 3:23-26]
23 모든 사람이 죄를 범하였으매 하나님의 영광에 이르지 못하더니 24 그리스도 예수 안에 있는 속량으로 말미암아 하나님의 은혜로 값없이 의롭

다 하심을 얻은 자 되었느니라 25 이 예수를 하나님이 그의 피로써 믿음으로 말미암는 화목제물로 세우셨으니 이는 하나님께서 길이 참으시는 중에 전에 지은 죄를 간과하심으로 자기의 의로우심을 나타내려 하심이니 26 곧 이 때에 자기의 의로우심을 나타내사 자기도 의로우시며 또한 예수 믿는 자를 의롭다 하려 하심이라

예수님 : "사람들은 어찌 한결같이 그렇게 변질되는 것이냐? 나를 따르는 참된 종을 찾기가 정말 어렵구나. 모두가 다 치우쳐서 각기 자기를 돌아보지 못하고 있다. 진정 너는 나를 위해서 살아야 한다."

지귀복 : "예. 주님."

예수님 : "잠시 잠깐이면 없어질 것에 마음 빼앗기지 말고, 오직 나만 바라보고 나를 향해 달려와야 한다. 오직 믿음으로. 그 무엇도 나보다 앞선 것은 너를 넘어지게 하는 것들이다."

지귀복 : "예. 주님."

예수님 : "많은 사람들이 그로 인해 넘어지고 있으면서 자기가 무엇 때문에 넘어졌는지를 모르고 있다는 것이다. 온갖 거짓으로 내 백성을 미혹해서 마치 참 진리인 것처럼 끌고가고 있구나. 나는 마음이 아프다. 나의 이 아픈 마음을 헤아려서 일하려고 하는 종이 어디 있을까 하고 찾아보니 정말 그리 많지 않구나. 그래도 그들이 돌이키고 내 백성을 품고 나를 기다려주기를 기다린다."

지귀복 : "예. 주님."

예수님 : "참된 진리가 무엇인지 아느냐? 나는 말이다. 참된 진리
를 가르쳐 주고 있는데, 왜 저들은 왜곡된 나를 만들어
서 믿으려고 할까? 그것이 자기들의 색깔하고 맞기 때
문이다. 소망이 없는 이 나라, 이 민족. 하지만, 내가 계
획한 것이 있어 나는 참고 기다리고 있다. 내가 이 나라
를 정화할 것이야. 참된 내 백성들의 기도가 있기에. 새
일을 행할 것이다. 너희는 이 시기를 잘 알고 나의 참된
복음을 전해다오. 미꾸라지처럼 빠져나가지 말고, 무
엇에든지 참되고 거짓되지 않았으면 좋겠다."

지귀복 : "주여, 저는 죄인입니다."

주님은 말씀하십니다.

"나는 너의 입술에서 무엇을 말하는지를 주시하고 있다. 지금 이
시대는 참을 찾아보기가 너무 어렵다. 입을 열 때마다 진실과 사랑
으로 주님의 복음을 전해다오! 이제 앞으로 회오리바람이 부는 것
처럼 회개가 일어날 것이야. 더욱 기도와 말씀 안에 거하라. 너희
의 그 발걸음이 큰 군대를 일으킬 것이다."

[아가 6:6-10]
6 네 이는 목욕하고 나오는 암양 떼 같으니 쌍태를 가졌으며 새끼 없는
것은 하나도 없구나 7 너울 속의 네 뺨은 석류 한 쪽 같구나 8 왕비가 육
십 명이요 후궁이 팔십 명이요 시녀가 무수하되9 내 비둘기, 내 완전한 자

는 하나뿐이로구나 그는 그의 어머니의 외딸이요 그 낳은 자가 귀중하게 여기는 자로구나 여자들이 그를 보고 복된 자라 하고 왕비와 후궁들도 그를 칭찬하는구나 10 아침 빛같이 뚜렷하고 달같이 아름답고 해 같이 맑고 깃발을 세운 군대같이 당당한 여자가 누구인가

예수님 : "에스겔의 마른 뼈들이 살아 생기가 돌아 일어선 것처럼 내가 성령의 바람을 일으킬 것이야."

지귀복 : "예. 주님."

예수님 : "어째 기대가 되지 않니?"

지귀복 : "예. 주님. 기대되는데요."

예수님 : "내가 너희의 손을 붙잡고 열방을 향해 갈것이다."

지귀복 : "예. 주님. 주님을 찬양합니다. 경배합니다. 이 작은 미천한 죄인을 살리신 주님. 그 위대하신 주님을 찬양하고 경배합니다."

예수님 : "너는 지금 죽음의 바다 위에 서 있다. 하지만 나는 물이 포도주가 되게 했다. 내가 있는 곳은 생명의 싹이 튼단다. 사람들을 아우성치며 다 끝났다고들 하지만, 이제 너희를 향한 나의 진정한 사랑이 시작되었다. 나를 사랑한 자와 사랑하지 않는 자와의 분리가 시작되고 있구나. 나는 지금도 나의 참된 종들을 찾고 있다. 과연 내가 기뻐하는 종이 어디에 있을까? 나는 두루두루 살피고 있단다."

지귀복 : "예. 주님."

예수님 : "모든 교회가 정말 회개하고 나의 음성에 귀를 기울였으면 좋겠구나. 내가 얼마나 그들을 사랑하는지 안다면, 나를 간절히 찾을 것인데. 죽음의 바다에서 건짐을 받아야 할 터인데, 내가 해 줄 수 있는 것이 없다. 나는 모든 것을 다 주었다. 이제는 너희들의 선택뿐이다. 스올의 배 속에서 부르짖는 내 백성의 울부짖음을 나는 오늘도 다 듣고 있다. 천국과 지옥을 어서 빨리 알려라! 이제는 시간이 없구나. 믿음으로 외쳐라! 천국과 지옥이 있다는 것을 말이다. 눈 깜빡이면 이 곳으로 다 올 것인데 무슨 미련이 많아서 그곳에 자리를 잡고 살려고들 하느냐?"

주님은 말씀하십니다.

"배부른 내 백성이 배고픈 내 백성을 핍박하고 있구나. 배부른 내 백성이여, 너는 내게 진 빚을 다 갚았느냐? 너도 내게 빚진 자가 아니더냐? 그런데 배고프고 연약한 내 백성을 핍박하는구나. 너는 결코 나의 심판을 견디지 못할 것이다.

정녕 지금 회개하거라. 비참한 최후를 기다리던가. 스올의 배 속에서 피를 토한 회개가 없이는 결코 나올 수가 없다.

네가 나의 사랑을 알았더라면 모든 것을 다 버렸을 것인데, 그 많은 것들을 누리고도 나의 참된 사랑을 사고 싶지 않구나. 너무나 배가 부르기 때문에 간절함이 없는 것이다. 네가 세상을 속일 수는 있어도 나를 속일 수는 없다는 이 사실을 모르는 것 같구나. 너는 나의 말을 받아 적는 것이 기도하는 것이다."

주님이 원하는 것은

주님이 말씀하십니다.

예수님 : "사람은 말이다. 나의 말을 가지고 이렇게 저렇게 많이
들 하고 있단다. 진정한 것은, 내가 원하는 것은 '사랑'
이란다. 아무것도 몰라도 사랑이란 이 말만 가지고 내
게 다가온다면, 그는 모든 죄가 씻겨지고 모든 것을 품
을 수 있고 모든 것을 이길 수가 있단다. 많은 사람들
이 은혜를 주고 깨닫게 되면은 자기중심으로 돌아가서
독단을 부리고 결국 그 정죄에 자기가 빠지게 되어 있
단다. 천사의 말을 한다 할지라도 나의 사랑이 진리 속
에 들어 있지 않는다면, 그것은 소리 나는 꽹과리와 같
지 않겠니?"

지귀복 : "주님, 이 죄인의 교만을 용서해 주세요. 무지몽매한 이
인생을 살리신 주님. 너무나 머리가 복잡하고 혼란스
럽고 감당할 수 없는 심령일 때가 있어요. 무엇을 어떻
게 이해해야 할까요? 참된 가치관이 나의 심령에 새겨

져서 주님을 알 수 있게 해 주세요. 원수 마귀 사탄은 끊임없이 혼란을 줍니다. 주님 영분별을 주시고 마귀의 일을 멸하여 주세요."

주님은 말씀하십니다.

예수님 : "나는 네가 좋다. 죄인인 네가 좋다. 왜 좋을까? 너무 무지몽매하고 네가 어리석다고 말하기 때문에 좋은 것이야. 나는 죄인을 위해서 오지 않았니? 나의 뜻은 죄인을 찾는 것이야. 죄인을 찾아서 나의 진리를 전해 주라고 했는데 왜 그렇게들 하는 것이냐? 이제 어떻게 하면 좋을까? 나의 말씀 앞에 교만하면 다 그렇게 된단다."

지귀복 : "시글락과 같은 삶 속에서 공기와 같이 떠다니는 인생들이 오늘도 마음을 합해서 기도하네요. 주님, 내 영혼이 날마다 주님 앞에 찬양하게 하시고 새 힘을 주시니 감사드려요. 주님."

능력의 기름 부음. 영권을 부으라

주님은 말씀하십니다.

"네 입에서 나간 말은 곧 능력이요, 영권이다. 네 마음은 바다와 같이 네 마음은 강물과 같이 넓어질 것이고, 네 믿음과 담력은 반석 위에 세운 집처럼 강하고 담대하리라. 너를 밀치려고 하는 자는 자기가 반석에 받쳐서 넘어 떨어지리라. 너를 치우려고 하는 자, 너를 넘어지기를 바라는 자는 나가떨어지리라. 나 여호와의 말이니라. 나는 너를 굳세게 할 것인즉, 너를 견고하게 하여서 만방에 나의 복음을 들고 나아갈 수 있게 할 것이다. 나는 또 알파와 오메가요, 처음과 끝이라. 나 예수는 광명한 새벽별이니라. 딸아, 두려워 말고 믿기만 하거라. 너는 복음을 전할 자라. 항상 긍정적이고 적극적이고 창조적인 언어를 쓰라."

"아멘."

주님이 희망을 걸었던 교회

주님께서 말씀하십니다.

예수님 : "내 백성이 모두 다 종에 대한 괘씸죄에 걸려 있다. 일단은 회개를 해야 한다. 그로 인해 은혜의 단비가 내리지만, 자기 것이 되지 못하고 머물러 있다. 교만하기가 짝이 없다. 너희가 종의 마음을 아느냐? 날마다 잠 못 이루는 밤에 종이 무엇을 하는지 하나님은 아신다. 너희는 목이 곧은 백성이요, 두려워하지 않는 담대함이 하늘을 찌르는구나. 내가 이 제단을 세운 것은 마지막 사명을 다하기 위해 한 가닥 희망을 품었지만, 너희의 그 교만과 완악함 때문에 은혜의 단비가 스며들지 않는 것이다. 이것은 아니다. 이것은 아니야. 예배의 자세가 안 되어 있다. 나를 경외하기는 하는 것이냐? 보이는 나의 종을 섬기지 못하면서 보이지 않는 하나님을 어떻게 섬기겠는가? 수많은 시간이 흘렀지만, 너희는 여전히 종교인이야. 성경과 상관없는 삶을 사는 것이다. 나는 죄인을 불러 회개시켜 천국에 데려가기 위한 장례사로 왔다. 너희가 십자가 밑에서 죽지 않는다면 결코 거듭날 수가 없다. 너희의 몸이 하나하나 성령에 전이 되지 않는다면 내가 세운 이 성전이 무슨 의미

가 있을까? 이 성전은 너희가 하나되는 곳이고, 예배하는 곳이고, 성령의 임재가 있는 곳이거늘 얼마나 너희는 나를 향해 기도하면서 헌신하느냐? 언제부터 은혜를 못 받은 줄 아느냐? 마음에서 종을 불신할 때부터이다. 영적 문둥병에 걸려있다. 기도를 해줘야 한다. 문둥병을 낫게 하는 능력은 주님께서 하신다."

지귀복 : "주여, 저는 문둥병보다 더 더러운 죄인입니다."

예수님 : "나의 사랑을 입지 않고서는 이 일을 할 수가 없다."

지귀복 : "예."

예수님 : "내가 살릴 자를 살리고, 내가 치료할 자를 치료할 것이다. 너는 나의 도구가 되어서일을 하게 될 것이다."

지귀복 : "아멘."

상어의 입 (어느 슬픈 종의 이야기)

주님은 말씀하십니다.

예수님 : "내가 아는 한 사람이 있단다. 그와 춤을 추는 자는 모두 다 영적으로 시들어 가고 있지. 그는 상어의 입을 가지

고 있고 입을 열어 고기가 들어오면 입을 닫아 버린단다. 수많은 고기들이 와서 그 상어의 밥이 되었단다. 그러나 내가 어찌해야 할지 생각 중이다. 과연 그 상어는 무엇을 생각하고 있을까? 나를 의식하는 것인지, 자기가 상어인 것을 착각하는 것인지 생각의 기로에 서 있구나. 그곳에 가서 무엇을 하겠다고 하는 것이냐? 상어 입에 들어가는 것이다. 행여 그런 생각일랑 말고. 모두가 그 입 속으로 들어가서 우상이 되어가지고 있다. 우상을 깨부실 날이 오고 있다. 생명이 없는 복음 생명이 없는 복음 그것이 바리새인이 아닌가? 쉴 새 없이 뿜어 대는그 많은 말들, 그것도 말씀이라고 속는구나. 너라는 존재는 마치 먼지에 불과하다고 생각하겠지. 그러나 그 먼지가 눈에 들어가면 바이러스를 일으켜서 눈물을 흘리게 만든다는 것을 그는 알까? 모든 인생을 내게 달려있거든 자기 맘대로 휘둘릴려고 하는구나.너라는 사람은 그리 만만하지 않는 것을 미쳐 몰랐다는 표정이구나. 오직 주님의 뜻대로 할 때가 좋았지. 그러나 이제는 주님을 놓아버렸구나, 지금은 험한 열매를 낳아 버렸구나. 이제는 어디로가야 하나? 너무나 많은 것을 자기 중심으로 해 버렸기 때문에 순수함이 사라져 버렸지. 무엇 때문에 이렇게 됐을까? 철저히 깨닫게 될 것이야. 그도 처음에는 그렇지 않았단다."

지귀복 : "주님 알아요. 그도 얼마나 주님을 얼마나 사랑했겠어

요. 그런데 무엇이 이렇게 했을까요?"

예수님 : "그 속에 있는 사람에 대한 탐심이 끊어내지 못하니까 이렇게 되는 것이야."

지귀복 : "주님, 그러면 주님께서 깨닫게 해 주셔야죠."

예수님 : "수없이 깨닫게 했고 경고를 보냈지만 듣지를 않은 것 같구나. 지금은 설교를 하고 있지만 별 의미가 없단다. 이미 우상이 되어 있지않니? 나는 기쁘지가 않구나. 나의 귀한 백성들의 삶을 보면서 불쌍하고 가련하구나. 봉사도, 기도도, 복음 전하는 것도 모두가 그의 중심이 되어버렸어. 등불이 없는 불이 어디 있겠는가? 포장하기 바쁘고, 위장하기 바쁘고, 바쁜 나날을 보내고 있구나. 상어 입에 들어가 있는 내 백성, 누가 구출해 줄 것인가? 입을 다물어 버리면 숨쉬기도 힘들텐데. 바람아, 불어라! 성령의 바람아, 바람이 되어서 그 상어의 입을 부셔버릴 것이다. 너는 나의 방망이가 되라."

지귀복 : "아멘."

내 그릇 (시_어느 슬픈 종의 이야기)

내가 다 나를 담아 기쁨이었네.
내가 나를 담은 그곳에 갖가지 많은 귀한 것들을
가득 담아 안기어주었네.
내가 보니 참 기쁨이었네!
그릇은 어느새 색이 변하고 기쁘지가 않네!
내가 생각하기를 내가 너무 많은 것을 담았을까?
이제는 어찌해야 하나 내가 바라보네.
그릇 속에 많은 것들을.
쉴 새 없이 밀려드는 아우성 소리를.
내가 그것을 차단해주었네.
그래도 들려오네. 작은 사이로. 내가 그것도 차단하였네.
내가 다시 보았네.그릇은 쉼과 평안을 얻네~~
내가 다시 보니 그릇은 맑고 투명해졌네
내가 그곳에 들어가리라~지금~^^

동산에 올라가 (시_어느 슬픈 종의 이야기)

내가 동산에 올라가 두루 살피다
한 집에 들어가게 되었지.
그곳은 아름다운 열매가 있고
꽃들도 나무들도 가득했단다.
내가 사랑하는 자가 있는가 해서 살필 때에
그가 나를 반기려 맨발로 달려오더구나.
나는 그를 맞이하면서
그의 옷에 아직 닦이지 않은 먼지를 보았지.
먼 길을 오느라 묻혀있는 먼지를
아직 닦지 않은 것 같더라.
하지만 나는 멈출 수밖에 없었다.
그곳에서 나는 바라만 볼 뿐이지.
그가 내게 오기를 기다리면서.
그는 어느새 나의 마음을 알고
새로운 옷으로 갈아입고 새 신발을 신고 내게 와서
한없는 사랑으로 나를 맞이하더구나.
오, 나의 귀한 자여 참으로 나의 귀한 자로구나.
나의 품에 안기어서 한없는 나의 사랑에
빛으로 노을이 질 때까지 함께하리라.

새싹 (시_어느 슬픈 종의 이야기)

가늘고 연한 순이 돋는 이 계절에
언덕 밑돌 틈 속에 피어나는 작은 들풀
힘이 없고 초라하지만
3월에 바람을 껴안고 견디고 있네.
이 바람이 언제까지 나를 스쳐가나
애타게 한숨 짓지만
그 바람은 어느새 포근하고 솜털 같은 바람이 되어 나를 감싸네.
내가 생각했던 거
내가 보았던 거
내가 염려했던 것들이 다~
따스했던 솜털 같은 바람이었네.
하지만 나는 기쁘지가 않아.
왜? 그 바람이 잠시 후에는 나를 뜨겁게 달굴 것이기에.
나는 연한 들풀과 같은데
나를 향해 다가오는 많은 것들은
어서 가자 나를 재촉하네.
생명 싹에 들어있는 나를 만지려 왔다가
모두들 하나같이 말문을 잃었네.
무엇이 그들을 그렇게 만들었을까 생각하니
내가 본 그 솜털 같은 바람인 거 같네.

차라리 낙엽이었으면 소리라도 날 것인데

이 바람은 소리도 없네.

험한 세상 어느 것 하나 나를 맞이해 줄 수 없다면

내가 가야 할 곳 그곳이 나의 생명의 집이라.

나는 이렇듯 말하리라.

내 생명 싸개를 만지지 말라고.

부지 중에 그것이 너를 실망시키지 않도록 해 아래에 새것이 없는

것처럼 나는 작은 아이 같은데 나를 밀어내는 자는 누구인가?

그들은 나를 재촉하네~ 어서 가자고~

나는 그곳을 바라보면서 결심을 하네

든든한 나무가 되기로~

어느새 나무는 높이 올라가고

그 솜털 같은 바람은 서로가 엉켜 있네.

그 바람은 나를 만질 수가 없네.

이제는 참 평안히 내게 이르리라.

참 기쁨과 희락이 나를 감싸네.

아~ 내 맘에~

주님의 관심

[요한계시록 3:7-13]

7 빌라델비아 교회의 사자에게 편지하라 거룩하고 진실하사 다윗의 열쇠를 가지신 이 곧 열면 닫을 사람이 없고 닫으면 열 사람이 없는 그가 이르시되 8 볼지어다 내가 네 앞에 열린 문을 두었으되 능히 닫을 사람이 없으리라 내가 네 행위를 아노니 네가 작은 능력을 가지고서도 내 말을 지키며 내 이름을 배반하지 아니하였도다 9 보라 사탄의 회당 곧 자칭 유대인이라 하나 그렇지 아니하고 거짓말하는 자들 중에서 몇을 네게 주어 그들로 와서 네 발 앞에 절하게 하고 내가 너를 사랑하는 줄을 알게 하리라 10 네가 나의 인내의 말씀을 지켰은즉 내가 또한 너를 지켜 시험의 때를 면하게 하리니 이는 장차 온 세상에 임하여 땅에 거하는 자들을 시험할 때라 11 내가 속히 오리니 네가 가진 것을 굳게 잡아 아무도 네 면류관을 빼앗지 못하게 하라 12 이기는 자는 내 하나님 성전에 기둥이 되게 하리니 그가 결코 다시 나가지 아니하리라 내가 하나님의 이름과 하나님의 성 곧 하늘에서 내 하나님께로부터 내려오는 새 예루살렘의 이름과 나의 새 이름을 그이 위에 기록하리라 13 귀 있는 자는 성령이 교회들에게 하시는 말씀을 들을지어다

주님은 말씀하십니다.

"너는 나의 사랑하는 종을 보느냐? 얼마나 어여쁜지 나는 참 기쁘구나. '어떻게 하면 아버지가 기뻐하실까?' 하루에도 몇 번이고

멍하니 생각에 잠기곤 한단다. 그 모습이 참 아름답구나. 헐몬의 이슬이 시온의 뜰을 적심같이 나는 그 영혼에게 참된 평안을 주고 싶구나. 긴 시간 정말 수고하고 힘들었다고 위로하고 싶구나.

하지만, 나와 너 사이 아직 할 일이 있지 않니? 좀 더 힘을 내거라. 잠시 잠깐이면 나를 만날 그날을 생각하면서 좀 더 힘을 내거라. 이제 시작인 것을, 벌써 지치면 안되지? 너를 향한 축복이 이제 오고 있는데, 어이 할꼬? 수많은 시간 속에 이날을 기다렸는데 과연 어떻게 할 것인가? 내가 가는 그 길을 오직 주님만 아시기에 오늘도 나는 주님의 명령을 기다리네. 나의 사랑, 내가 기뻐하는 종아! 나와 함께 도란도란 이야기하며 가자꾸나. 이제는 모든 것을 내게 다 맡기거라. 새로운 출발이 시작될 것이야. 희미한 등불 아래 뿌옇게 보이던 영계가 밝고 선명하게 너의 눈으로 보게 될 것이다.

빌라델비아의 사자가 되어서 나의 복음을 들고 가거라. 모든 이들에게 선포하라! 주 예수 그리스도를 예비하라! 주의 신부들이여, 일어나라! 등불을 들고 전진하자! 내가 너에게 강한 능력을 주고 있다. 성령의 역사로 회개의 폭풍이 휘몰아쳐서 대한민국을, 북한을, 중국을 강타하게 될 것이다. 주께서 너에게 모든 것을 다 부어 줄 것이다. 나의 사랑, 나의 종아! 예수 그리스도의 깃발을 들고 일어서 나아가라. 언젠가는 너와 내가 다정하게 이야기하고 싶었으나, 그런 시간이 별로 없었다. 이제는 내가 너에게 가장 가까이 개입하게 될 것이야. 모든 것은 믿음으로 받아라. 그 누구도 너를 대신할 수 없다는 것을 명심하고, 너에게 맡긴 것을 너를 통해서 이룰 것이다." "아멘."

주님이 사랑하는 종에게

[이사야 55:1-5]
1 오호라 너희 모든 목마른 자들아 물로 나아오라 돈 없는 자도 오라 너희는 와서 사 먹되 돈 없이, 값 없이 와서 포도주와 젖을 사라 2 너희가 어찌하여 양식이 아닌 것을 위하여 은을 달아 주며 배부르게 하지 못할 것을 위하여 수고하느냐 내게 듣고 들을지어다 그리하면 너희가 좋은 것을 먹을 것이며 너희 자신들이 기름진 것으로 즐거움을 얻으리라 3 너희는 귀를 기울이고 내게로 나아와 들으라 그리하면 너희의 영혼이 살리라 내가 너희를 위하여 영원한 언약을 맺으리니 곧 다윗에게 허락한 확실한 은혜이니라 4 보라 내가 그를 만민에게 증인으로 세웠고 만민의 인도자와 명령자로 삼았나니 5 보라 네가 알지 못하는 나라를 네가 부를 것이며 너를 알지 못하는 나라가 네게로 달려올 것은 여호와 네 하나님 곧 이스라엘의 거룩하신 이로 말미암음이니라 이는 그가 너를 영화롭게 하였느니라

주님은 말씀하십니다.

"나는 너희를 원하건만, 너희는 내게 오기를 머뭇거리고 있구나. 유다지파 실로가 오기까지 내 품에 안기던 내 백성아, 어찌 나와 너 사이가 이리도 정다이 가까워야 하는데 멀어진 것 같구나. 구름이 떠다니듯 내 백성들이 뜬구름을 잡으면서 마음이 심히도 허하구나.

내 백성에게 갈한 물을 먹여줄 자가 누구냐? 내 종이 아니냐? 나의 종아, 나의 실로암이여, 스무이레 동안 기다려도 오지 않은 너를 나는 지금도 기다리고 있구나. 내가 너무 오래 기다렸을까? 아니겠지. 이제 마지막 힘을 내서 내 백성을 돌보고 양식을 먹이겠지.

나는 너를 볼 때 너무나 긍휼히 여기고 싶다. 항상 쫓기는 너의 마음, '어떻게 하면 내 양들에게 좋은 것을 먹여줄까? 애쓰고 힘쓰고 왔지만 이제 어떡하지?' 하고 또 생각하는 것을 볼 때 어찌 그리 너의 마음이 약한지 무엇이 너를 뒤로 후퇴시키고 있을까? 힘을 내야 되지 않겠니? 나는 그 어떤 것도 중요하지 않다. 나는 너를 내가 원한다. 내 안에 들어오거라. 섬세하게 내게 말하거라. 네가 말하는 것은 내가 듣고 시행해 줄 것이다.

질그릇, 이제 모든 것을 내게 맡기고 나아가거라. 너는 내가 준 능력을 가지고 다 할 수 있다. 지혜 있는 사람을 곁에 두고 항상 함께 동행하라."

"아멘."

주님이 바라보시는 종에게

주님은 말씀하십니다.

"사랑하는 나의 종아, 내 말 좀 들어보렴. 내 마음은 슬프고 또 비통할 뿐이다. 흑암에 앉아있는 내 백성을 그 누가 구출해 줄 것인가? 내가 찾고 찾아보았지만 내 말에 반응하는 자는 극히 드물고 자기들의 옳은 대로 가고 있구나. 멀고 먼 길을 걸어왔지만, 아직도 가야 할 시간이 남아있을까? 이제는 끝이 온 것 같구나. 소망이 없는 이 나라에 소망을 주었건만, 과연 나를 쫓기보다는 세상을 쫓아가는구나.

아~~ 이 참담함은 무엇일까? 나의 종들은 무엇을 하고 있는 것이냐? 나의 기름 부은 받은 종들아, 정녕 나를 쫓지 않고 세상을 쫓는다면 너희는 결국 슬픈 날이 올 것이다. 비가 하늘에서 내려서 다시 돌아갈 수 없듯이 내가 흘린 보혈의 피 값은 너희가 어찌 감당할 수 있겠는가? 값없이 준 나의 은혜를 이렇게 처참하게 짓밟고 무엇을 기도하는 것이냐?

그렇게 많은 시간 동안 외치고 돌아오기를 기다렸건만, 더욱더 딴 길로 가고 있구나. 생명이 없는 복음을 전하면서도 아무런 의식이 없구나. 양들에게 독초를 먹이면서도 그것이 옳은 것처럼 여전히 그 모습 그대로인 것은 너희는 목이 곧은 백성이요, 너희 마음이 완악하기 때문이야.

나는 슬프고 가련한 나의 종을 바라보고 있다. 그래도 무엇인가 하려고 깨닫고 보니 늦었지만 그래도 아버지 앞에 마지막 몸부림을 치는 그 모습이 사랑스럽구나. 너는 나의 기쁨이요, 나의 사랑이었느니라.

그러나 이제는 시간이 없는데 어떻게 할까? 사람들이 귀가 막혀서 아무리 소리를 쳐도 듣지 않아. 모든 것이 정지되는 시간이 다 가오고 있기 때문이지.

들어라! 사랑하는 나의 종아, 나는 너를 너무너무 사랑하고 너를 통해서 영광을 받았다. 하지만 내가 이제는 시간이 다 된 것 같구나. 수많은 나의 종들이 사랑하는 나의 종처럼 마지막을 알리는 메시지를 전해 주었으면 좋으련만, 하나님 자리에 올라가 있는 그들이 어찌 바른 메시지를 전할 수 있겠느냐? 내가 너무 기대를 하는 것이냐?

이제는 제3단계의 일을 시작하라. 제3단계의 준비는 말씀으로 오직 천국과 지옥을 알리는 일을 하라. 내가 지시한 대로 행하여야 하고, 오직 나의 음성에 귀를 기울이라. 나는 너를 통해 영광을 받기를 원한다."

"사랑하는 나의 종아, 더욱 회개하라. 내가 너에게 임재하길 원한다. 성령 안에서 나를 온전히 받아들이거라. 이런 기름 부음이 있기까지는 누군가가 너를 도와주어야 할 것인데, 그가 누구일까? 기다리라. 내가 보낼 것이다. 정말 너를 도와줄 사람을 보낼 것이다."

"너의 아내를 사랑하고 화목하라. 이것이 너의 힘이다."

"내 백성들의 눈물을 닦아주거라. 불쌍히 여길 자를 불쌍히 여기고. 이곳은 이미 하늘 문이 열려있다. 그 어떤 사람도 이곳에서 기도할 때 성령의 임재함을 느낄 것이고, 강력한 신유와 기름부음이 임해서 체험하는 성전이 될 것이다."

아멘.

주님의 섬세한 다루심

주님은 말씀하십니다.

예수님 : "귀복아."

지귀복 : "예, 주님."

예수님 : "너는 나를 사랑하느냐?"

지귀복 : "주님 용서해 주세요."

예수님 : "무엇을 용서해 주라고 하느냐?"

지귀복 : "주님. 저의 마음과 저의 입술로 부정적인 생각과 말을 했고요. 주님을 생각하지 않았고, 짜증만 냈고요. 불평

했습니다. 감사하지 못했습니다. 또한 주님이 주신 평강을 누리지 못하고, 염려와 근심으로 짐을 지고 있었습니다. 이러한 나의 죄를 용서해 주세요. 이제는 주님 사랑합니다. 마음의 무거운 죄의 짐을 벗겨주시어 감사를 드립니다. 주님."

주님은 말씀하십니다.

"그래. 알기는 잘 아는구나. 나와 이렇게까지 말할 수 있는 네가 그러한 행동을 할 때 주님을 아무리 만났어도 변하지 않는 것이 소용이 없다는 것이다. 그들은 너의 태도를 어떻게 하는가를 보느니라. 자기들은 어떻게 하든 간에 너의 태도와 말에 주목하고 있느니라. 알겠느냐? 내가 보낸 대사가 아니드냐? 어리석음으로 나의 일을 그르쳐서야 되겠느냐? 나는 너를 지켜보면서 그래도 대견하게 생각한단다. 갑자기 나의 사명을 받고 나의 훈련을 받고 있는 중에서도 네가 행할려고 하는 그 믿음 위에 혼란스러운 그 모든 것을 억제하고 입술로 나를 부인하지 않는 것만 나는 보았느니라."

주님은 말씀하십니다.
예수님 : "사랑하는 나의 딸, 귀복아."
지귀복 : "예, 주님."
예수님 : "나는 너를 사랑한다. 앞으로도 나의 음성에만 귀를 기울이거라."
지귀복 : "예, 주님."

예수님 : "나는 네가 있기에 기쁘다. 아버지 하나님도 기뻐하신
단다. 이 땅에서 나의 사명을 잘행하거라."

지귀복 : "예, 주님. 감사합니다."

예수님 : "그래. 나는 너를 정말 사랑한단다. 모든 사람들이 너를
비웃고 수군대고 손가락질 할지라도 나는 너를 사랑했
었다. 지금은 어엿한 나의 신부가 되었잖니? 그러니 네
가 잘 참고 왔느니라. 앞으로도 잘 참거라. 소리 없는
마귀의 압력에 짓눌리지 말고. 내가 네게 나의 권능 두
나미스를 주었으니 이 권능을 가지고 나가길 바란다.
마귀의 궤계를 박살 내고, 나의 영광을 세우거라. 내가
너와 함께 할 것이다."

지귀복 : "예, 주님."

한국이여 깨어나라 깨어나라

주님은 말씀하십니다.

"내 사랑하는 백성들이여, 깨어나라. 내가 너희를 지켜보고 있노라. 내가 외치노라, 외치노라. 타락한 내 백성들이여 일어나라."

"아버지여, 내 아버지시여 어찌하오리까. 불쌍한 이 죄인들을 용서하소서. 이제는 회개하며 돌아가야 하련만, 내 백성들의 눈물을 보게 하소서. 내 백성들의 통곡의 소리를 들으소서. 저들은 울부짖으며 아버지를 부르나이다.

아버지, 아버지, 내 아버지시여, 용서하소서. 아버지의 나라, 아버지의 뜻 이루게 하소서. 주여, 주여, 주여. 우리는 부르짖겠나이다. 모든 죄를 회개하고 돌아보게 하소서."

예수님 : "불쌍한 내 백성들이여, 돌아오라. 돌아오라. 내가 너희를 얼마나 사랑하는지 정녕 모르느냐? 이제는 시간이 정말 너무나 급박하단다. 내 백성들이여, 깨어나라. 깨어나라. 내가 곧 가리라. 너희의 소원대로 곧 가리라. 아버지께서 부르노라. 시간이 얼마 없구나. 내 백성이여, 잠에서 깨어나라. 아버지의 나라, 아버지의 뜻, 아버지의 영광의 날이 속히 오리니 내게 찬양하여라. 내

게 부르짖으라. 내가 듣고 응답하리니. 너희는 결코 죽지 않고, 영생을 얻으리라."

지귀복 : "주여, 아버지, 내 아버지시여 사랑합니다. 내가 주 우리 아버지를 사랑하고 사랑합니다. 내 소원을 이루소서. 내 소원 이루는 날 속히오리라. 아버지, 내 아버지여. 우리의 모든 죄악을 용서하시고, 죄악의 불구덩이에서 건지소서. 하루하루를 승리하게 하소서. 온전히 아버지의 말씀 따라 순종하며, 삶으로 살아가게 하소서. 이 한국 땅에 성령의 불을 내리소서. 성령의 불, 성령의 불, 뜨거운 불을 내리시어 승리의 나팔 소리 울려 퍼지게 하소서."

예수님 : "내 사랑하는 자녀야, 내 너를 위하여 사랑하는 아들까지 십자가에 손과 발 못 박았단다. 내 눈에 피눈물을 보았느냐? 내 아들의 고통, 내가 다 받았단다. 참혹한 광경을 온몸으로 피눈물 흘리며, 내 마음은 갈기갈기 찢기어졌단다. 이래도 너희는 늪에 빠져 방탕하며, 술 취하며 세상 유혹에 병들어 헤어날 줄 모르고 있구나. 그만 술 취함에서 깨어나라. 나의 진노가 불같이 임하리니. 너희는 결코 살아날 수 없나니. 지금이 마지막 기회로다. 마지막 기회로다. 깨어서 기도하라. 깨어서 회개하라. 불같이 일어나라."

지귀복 : "성령이여 임하소서. 온 땅이여 주를 찬양하라. 왕이신 나의 주 예수 그리스도를 찬양하라."

예수님 : "내 촛대를 지키라. 너희의 기도의 향을 준비하라. 곧 내가 가리라. 믿지 않는 내 백성들이여, 깨어나라. 회개하라. 회개하라.천국이 가까이 왔느니라."

긍휼한 마음

착한 것은 마음에서 약한 마음.
주님에 대한 분명한 태도. 분명한 태도가 필요하다.

주님은 말씀하십니다.

"믿음이라고도 하지. 나는 너에게 개인적으로 많은 이야기를 해주었고, 지금도 하고 있느니라. 하지만 변화되는 과정은 그리 쉽지만은 않기에 기다리고 또 기다려주고 있는 것이야.

너도 힘이 들겠지만, 너를 보고 있는 나 또한 힘이 든단다. 모든 것은 깨닫는 것만큼 신앙은 성장하기에, 끊임없이 훈련을 통해서 깨닫게 하고, 그것을 또한 실천하고 선포할 수 있을 때까지 반복해서 훈련하고 있기에 힘이 드는 것이지. 적당히 대충대충하고 지나간다면 그 영혼은 타다 만 부지깽이에 불과하지 않겠니?

이러한 연단의 과정을 건너뛴 나의 백성들을 볼 때 지금(훈련하지 않을 때)은 편안하고 행복하다 생각하며 살겠지(사람들은 이 연단을 안 받으려고 하고, 힘들게 생각한다). 하지만 그 시련이 통과될 때까지 시련이 통과될 때가 속히 오고야 만다는 그 사실을 모르는구나.

자기만 잘 되고, 자기만 평안하고, 행복하면 되는 줄 아는 크리스천도 있단다. 그 사람이 진정 나의 참 제자이며, 나의 친구(영적인 사람)가 될 수 있을까? 나의 사랑이 아니고, 자기를 사랑하는 것(내가 주인된 삶)이지."

주님은 말씀하십니다.

예수님 : "귀복아."

지귀복 : "예, 주님."

예수님 : "미움은 다툼을 일으키고 사랑은 허다한 죄를 덮는 것이야."

지귀복 : "예, 주님 알겠어요."

예수님 : "웃어줘야지?"

지귀복 : "예, 주님."

예수님 : "언제 어디서나 마음으로라도 싫어하는 내색을 한다면 상대방이 더 잘 아는 것이다. 너는 이제 앞으로 나아갈 사람이 아니더냐? 누구든지 사랑하고 품거라."

지귀복 : "예, 주님 감사해요. 깨닫게 하셔서요."

예수님 : "그 사람의 사생활 같은 것, 성경이 어쩌고 저쩌고 제치고 보지 말고, 그냥 그 사람 안보고(따지지 말고), 긍휼

히 여겨 주는 것이 너의 할 일이다. 그 나머지는(그냥 품어줄 때, 주님께서 보실 때) 자기 자신이 해야할 일이란다. 대신해 줄 수 없기에 긍휼한 마음으로 기도해 주는 것이지. 그것이 사랑이란다."

지귀복 : "예, 주님."

예수님 : "모든 사람을 볼 때 영적으로 보고(사람으로 보면 감정적인 것이 올라오고, 영적으로 보면 분별이 됩니다), 긍휼한 마음으로 보거라. 나에게 화살을 쏘고 돌을 던져도 그저그저 긍휼한 마음으로 볼 수 있는 것이 그릇을 키우는 작업이란다 (영적인 사람이 된다는 것이다)."

지귀복 : "주님, 감사 드립니다. 나의 힘이 되신 주님, 능력이 되신 주님. 사랑하고 경배드립니다."

주님을 향해 질주하는 자들

엘리 엘리 라마사박다니.
아바 아버지 나의 아버지여
어찌하여 나를 버리셨나이까.
아버지여 나의 원대로 마옵시고
아버지의 뜻대로 하옵소서.
모든 것이 아버지께 달려있나이다.

엘리 엘리 라마 사박다니.
고통의 허물을 벗어 버리고
아버지께 달려가 안기고 싶어요.

아버지, 나의 아버지여.
사랑하는 아들을 죄없이 십자가에 못 박아
고통을 알게 하시고 백성들의 죄를 씻어주시고
구원을 선물로 주심에 감사 감사 감사드립니다.
못난 죄인들 때문에 이토록 참담하고 가혹한 형벌을 내리셔서
내 백성을 구원해 주시고 자녀 삼아 주셨으니 한없는 사랑과 은혜
에 감사드립니다.

"모든 백성은 나의 신부요, 나의 귀한 종이란다. 내가 아들을 십자가에 매달리고 피 값으로 산 나의 종이기에 그들은 나를 떠나선 아무도 살 수 없나니, 너는 내 것이라. 피눈물로 채찍에 맞아 뜯겨져 나간 고통의 살, 너는 그것을 잊어선 안 되느니라.

지금도 여호와, 위대하신 나의 아버지께서 너희들을 찾고 부르나니 너희는 아버지의 음성을 듣고 깨어나야 하느니라. 때가 너무나 가까이 왔느니라.

내 백성들아, 내 가시관에 찔린 나의 고통을 보아라.

내 피눈물을 보아라.

통곡의 소리가 통곡의 소리가 들리지 않느냐?

나의 피끓는 절규의 소리를."

아~ 아~ 안타까운 내 백성들이여,

아버지. 어찌하여야만 하오리까.

무지한 백성들이 귀를 열지 않으니 어찌 전하리까.

"아버지의 뜻임을 저들은 알아야 하는데. 세상은 너무나 빠르게 새로운 시스템을 펼치며 도약하고 있는데. 내 백성들은 아직도 깨닫지 못하고 어둠의 길로 걸어 들어가니 참으로 답답하고 애통하구나. 그래도 일으켜야 하느니 깨우라. 채찍질해서라도 잠자는 영혼들을 깨우라. 고통이로구나. 통곡의 피바람이 불고 있구나. 머지 않아 식량으로 인해 큰 기근이 닥칠진데, 어찌 감당하려 하는지.

가련하고 가련한 내 백성이여. 하루도 쉬지 않고 일하는 나의 애타는 심정을 내 백성은 모르고 있구나. 불타는 연못에 던져져야 아버지의 마음을 알아줄까나.

들을 귀 있는 자는 들을 것이요. 나의 통곡의 피눈물을 볼 것이라.

이제는 아무런 외침도 듣지 못하고, 보지 못하는 불쌍하고 미련한 영혼들. 나는 이제 가리라. 내 사랑하는 신부들이 기다리는 그곳으로 나 가리라. 신부 단장 되었으니 웨딩마치 올리자구나. 영원한 천국에서 나와 함께 하리라."

교회들에게 말씀하신 주님

예수님은 마태복음 4:17에서 "회개하라, 천국이 가까이 왔느니라."고 말씀하셨습니다. 이 말씀은 예수님이 공생애를 시작하실 때 세상에 대해서 처음으로 선포하신 말씀입니다.

성경은 무슨 내용을 기록한 책인가요?

하나님을 알지 못하여 세상에서 사람들이 자기 마음대로 사는 게 죄라는 사실과 죄의 끝에는 하나님의 무서운 심판으로 지옥 간다는 것을 깨닫게 하며, 구원을 얻어 천국 가려면 예수 그리스도를 믿음으로 우주 만물을 창조하신 여호와 하나님께로 돌아오는 회개를 알려주는 말씀이 기록된 책입니다.

교회는 하나님 말씀과 예수님의 십자가와 부활의 복음을 세상에 알려주는 곳입니다. 따라서 교회는 하나님 말씀을 사람들에게 읽게 해서 죄를 버리고 회개를 해서 천국으로 가는 사람들이 모인 공동체입니다.

교회는 천국 가는 비행기를 타는 공항 같은 곳입니다. 천국 가는 비행기 표를 구하려면 예수님의 십자가 앞에서 회개할 때 얻을 수 있습니다. 교회는 천국 가는 비행기 표를 구할 수 있는 유일한 곳입니다.

그래서 교회는 '회개'의 말씀이 강물처럼 언제나 흘러넘쳐야 합니다. 그런데 사람들은 회개하라는 설교를 들으면 싫어합니다. 왜 싫어합니까? 사람들 속에 숨어 있는 죄의 세력이 본능적으로 회개하라는 말씀을 싫어합니다.

성령님이 내 안에 계시면 회개하라는 말씀이 제일 큰 은혜가 되지만, 내 안에 죄가 있으면 회개하라는 말씀이 듣기 싫어하게 됩니다. 그래서 오늘날 교회에서 회개하라는 예수님의 말씀을 전하는 교회를 찾기가 어렵습니다. 한국 교회는 교회 성장을 제일 중요하게 생각하기에 사람들이 듣기 좋아하는 위로와 회개 없는 감동적인 이야기를 듣기를 좋아합니다.

천국은 회개의 문을 열고 예수님의 십자가 보혈의 다리를 지날 때 들어갈 수 있습니다. 따라서 회개를 외치는 교회가 가장 좋은 교회입니다.

예수님은 저를 천국에 데리고 가셔서 이 세상의 모든 교회들에게 하고 싶은 말씀이 있다고 하셨습니다.

어느 누구도 그 무엇보다도 거짓되고 심히 부패한 사람의 마음을 능히 알 수는 없지만, 하나님은 그 마음을 살피시고 그 깊은 동기까지도 조사해서 각 사람의 행한 대로 갚아주십니다. 부정한 방법으로 돈을 모아 부자가 된 사람은 자기가 낳지 않은 알을 품고 있는 자고새와 같아서 언젠가는 그것이 자고새를 버리고 날아가 버리듯 그의 부도 조만간에 그를 떠날 것입니다. 그리고 결국 그는 어리석은 자가 되고 말 것입니다.

[예레미야 17:9~11]
9 만물보다 거짓되고 심히 부패한 것은 마음이라 누가 이를 능히 알리요 마는 10 나 여호와는 심장을 살피며 폐부를 시험하고 각각 그의 행위와 그의 행실대로 보응하나니 11 불의로 치부하는 자는 자고새가 낳지 아니한 알을 품음 같아서 그의 중년에 그것이 떠나겠고 마침내 어리석은 자가 되리라

[요한복음 15:1~5]
1 나는 참포도나무요 내 아버지는 농부라 2 무릇 내게 붙어 있어 *열매

를 맺지 아니하는 가지는 아버지께서 그것을 제거해 버리시고 무릇 열매를 맺는 가지는 더 열매를 맺게 하려 하여 그것을 깨끗하게 하시느니라 3 너희는 내가 일러준 말(=말씀)로 이미 깨끗하여졌으니 4 내 안에 거하라 나도 너희 안에 거하리라 가지가 포도나무에 붙어 있지 아니하면 스스로 열매를 맺을 수 없음 같이 너희도 내 안에 있지 아니하면 그러하리라 5 나는 포도나무요 너희는 가지라 그가 내 안에, 내가 그 안에 거하면 사람이 열매를 많이 맺나니 나를 떠나서는 너희가 아무 것도 할 수 없음이라

* 열매 = 복음 전하는 것.
예수님은 열매를 거두러 오십니다.

영적인 잠

[마태복음 6:33-34]
33 그런즉 너희는 먼저 그의 나라와 그의 의를 구하라 그리하면 이 모든 것을 너희에게 더하시리라 34 그러므로 내일 일을 염려하지 말라 내일 일은 내일이 염려할 것이요 한 날의 괴로움은 그 날로 족하니라

저는 여러분께 다시 한번 말씀드리고 싶습니다.
주님은 오실 준비가 모두 다 되었다고 하시고, 눈물을 흘리십니

다. 생명수 강물도 출렁일 정도로 주님은 우리의 신앙생활을, 우리의 회개가 안 된 것을 보시고 시간이 없다는 것을 말씀하시고, 어서 빨리 주님의 흘리신 보혈의 피로 회개하고 깨끗이 씻어 정결한 신부가 되어 있으라고 말씀하십니다.

저는 외칠 수밖에 없습니다. 주님의 그 눈물을 보고 온 저는, 주님의 보혈의 피를 외치지 않을 수가 없습니다.

여러분, 여러분은 무엇이 중요한가요?

세상의 부와 명예, 아니면 먹고 사는 것. 그보다 더 중요한 것이 있습니다. 안일하고 나태한 생각을 버리십시오. 그 생각은 마귀가 영적 잠을 자게 하는 것입니다.

먼저는, 예수님의 흐르는 그 보혈의 피로 나의 죄를 정결케 하는 일입니다. 예수를 믿고도 천국에 이를 수 없다면, 그보다 비참함이 또 있겠습니까? 우리 주님은 우리를 위해서 생명까지 다 주셨는데, 오랜 세월 우리에게 기회와 시간을 주었는데도 불구하고, 그 시간을 다 허비하고 주님 앞에 섰을 때 나의 죄가 그대로 있다면 어떻게 하시겠어요? 사람은 젊은이나 어린이나 나이가 들으신 분이나 이 세상을 어떤 모양으로 떠날지는 아무도 모릅니다. 그러기 때문에 먼저 회개하는 생활이 얼마나 중요한지 모릅니다.

성령의 기름 부으심과 치유 그리고 거듭남

마태복음 8-9장은 예수님의 갈릴리 치유 사역이 나옵니다. 주님은 나병환자, 중풍병자, 귀신 들린 사람, 소경 등 수많은 사람들을 치유해 주시면서 천국 복음을 전파하십니다. 그리고 10장에서 예수님은 제자들에게 주님이 하셨던 치유 사역을 통해서 천국 복음을 전파하라고 파송하십니다.

예수님의 열두 제자들은 주님의 능력을 받아서 많은 사람을 치유해 줍니다. 그리고 제자들은 주님이 십자가에서 고난받으시고 부활 승천하신 후에 마가의 다락방에서 성령의 기름 부으심을 받게 됩니다. 그러자 그들은 열방을 향하여 예수님의 천국 복음을 전하면서 치유 사역을 합니다.

베드로는 예수님의 수제자입니다. 그는 A.D 65-67년 사이에 로마에서 순교 당합니다. 그는 처음부터 순교할 만한 믿음의 사람이 아니었습니다. 예수님이 대제사장의 집에서 재판받으실 때 베드로는 사람들 앞에서 주님을 세 번이나 부인하고 저주했던 죄인이었습니다.

그러한 믿음의 실패 속에서 베드로는 가룟 유다처럼 죄책감에 자살하지 않고 통곡하면서 회개했습니다. 그리고 부활하신 예수님을 다시 만나서 새로운 믿음의 사람으로 거듭나게 됩니다. 또 마가의 다락방에서 성령의 기름 부으심을 받고 나서 그는 더 이상 마귀의 공격에 무능하게 넘어지는 신앙이 아니라 마귀를 대적하고 쫓아내는 주님의 능력이 임하는 사역자가 됩니다.

성경적으로 보면 베드로는 예수님의 보혈로 죄를 씻음 받고 거듭나는 최초의 사람이 됩니다. 또 성령의 기름 부으심을 받고 새롭게 거듭나게 됩니다. 그리고 베드로는 예수님의 복음을 예루살렘에서 로마에까지 전하면서 자신의 생명까지 다 드리는 순교자로 하나님을 기쁘시게 해 드립니다.

이것은 이 땅에서부터 하나님을 기쁘시게 할 때 천국에서도 축복받는 순서가 된다는 영적 원리입니다. 따라서 우리가 이 땅에서 살아가는 70, 80, 90년 동안 어떻게 살아가느냐가 천국에서 상급이 결정되는 아주 소중한 시간입니다.

시간이 값없이 주어졌다고 허송세월을 보내면 안 됩니다. 1분 1초도 아껴서 하나님이 기뻐하시는 삶을 살아야 합니다. 하나님이 기뻐하시는 예수님의 천국 복음을 전파하는 시간이 돼야 합니다.

예수님은 저를 천국에 올라오게 하셔서 목회자이든, 일반 성도든 예수님의 천국 복음을 전하는 주의 일을 할 때는 주님의 보혈로 영적으로나 육적으로 치유를 받고 거듭납니다. 그리고 성령의 기름 부으심을 받고 하나님을 기쁘시게 하기를 원하신다고 알려 주셨습니다.

회개를 바르게 이해합시다

[마태복음 4:17]
이때부터 예수께서 비로소 전파하여 이르시되
회개하라 천국이 가까이 왔느니라 하시더라

예수님을 처음 믿기 시작할 때 반드시 해야 하는 게 있습니다. 바로 '회개'입니다. 그런데 오늘날 한국교회 중 많은 교회가 회개를 바르게 가르치지 못합니다. 그저 죄를 고백하는 걸 회개라고 가르칩니다. 물론 죄를 토설하고 고백하는 건 회개입니다. 그러나 회개의 완성이 아니라 회개의 시작일 뿐입니다.

많은 교회들이 진정한 회개 없이 자신의 입술로 예수님을 영접하면 천국 간다고 잘못 가르치는 교회가 많습니다.

회개는 크게 두 가지가 있습니다.

첫째. 예수님을 처음 믿을 때 하는 첫 회개가 있습니다. 예수님의 십자가와 부활의 복음을 정확히 이해하고 알면 우리는 내 자신이 흉악한 죄인이라는 사실을 깨닫게 됩니다.

예수님이 나 같은 죄인을 구원해 주시기 위해 내가 죄 값으로 십자가에서 살이 찢어지는 아픔을 받으며 하나님의 심판을 받아야 되는데 우리 주님이 나 대신 십자가에서 모진 고난과 멸시와 조롱을 받으셨고 손과 발에 못 박히시며 죽기까지 육체의 고통과 아픔을 느끼셨다는 것을 알게 됩니다.

그러면 우리는 나의 죄를 보게 되며, 내 죄가 용서받는 것은 하나님의 아들이 십자가에서 고난받으셨기 때문에 구원을 받았고 그 은혜를 갚을 길 없다는 것을 알게 됩니다.

그러면 우리는 예수님 십자가 앞에서 울면서 마음을 찢으며 회개하면서 예수님을 영원한 나의 구세주, 나의 주님, 나의 왕으로 믿게 됩니다. 이 회개가 예수님을 처음 영접할 때 하는 첫 회개입니다.

따라서 회개는 죄를 깨닫고, 죄인임을 인정하고 고백했다고 하나님께로부터 속죄의 은혜를 누리는 게 아닙니다. 우리는 회개하면서 동시에 예수님을 영접하고 믿는 겁니다. 이때 예수님을 영접하는 믿음은 하나님이 주시는 겁니다.

이렇게 회개를 하면서 예수님을 영접하고 믿는 믿음을 갖게 된다면 내 마음의 중심에 있는 왕좌에 예수님이 앉아 계시게 됩니다. 그러나 이러한 회개 없이 예수님을 내 입술로만 영접하고 믿게 된다면 대부분 그 사람의 마음에는 예수님이 계시지 않고 자기 자신이 여전히 자신의 왕으로 앉아있게 됩니다. 오늘날 문제는 이러한 진정한 회개 없이 예수님을 믿는 일이 많이 있습니다. 그래서 세속화된 것입니다.

두 번째 회개는 일상의 삶에서 수많은 죄를 지은 것을 물 마시듯이 회개를 반복해야 하는 회개입니다.

첫 회개로 예수님을 영접하고 나서도 우리는 평상시에 말씀 보고 깨어 기도하지 않으면 우리는 금방 죄를 짓게 됩니다. 우리는 일상의 삶에서 늘 집 청소를 하고, 몸을 씻듯이 우리 영혼도 매일 예수님 보혈로 씻어야 합니다. 이것이 물 마시듯이 회개를 하는 겁니다.

우리는 육신의 장막을 벗고 천국 갈 때까지 한순간이라도 깨어 있지 않으면 금방 다른 사람을 정죄하고 비판하는 죄를 짓게 됩니다. 또 마음속으로 다른 사람을 질투하고 시기하는 죄가 많습니다. 입술로 지은 죄도 많습니다. 특히 생각으로 지은 죄도 많습니다.

그래서 우리는 매일 하나님 말씀을, 예수님 복음을 읽고 또 읽으면서 예수님 보혈로 씻고 기도해야 합니다. 그래서 하나님 말씀을 영혼의, 생명의 양식이라고 말합니다. 매일 하나님 말씀을 읽지 않으면 눈으로 죄를 짓고, 생각과 입술로 죄를 짓습니다. 따라서 매일 예수님 보혈을 뿌리며 씻으면서 예수님 말씀을 읽고 또 읽으면서 기도할 때 마귀가 우리를 유혹하지 못합니다.

그래서 예수님은 우리가 말씀 보고 기도하면서 아버지께서 약속하신 성령의 권능을 받으라고 말씀하셨습니다. 성령님을 내 안에 충만히 임재하시게 해서 성령님을 모시고 살아야 우리는 죄를 짓지 않습니다.

성령님이 내 안에 계시려면 회개를 물 마시듯이 하면서 예수님 보혈로 날마다 씻어야 합니다. 성도들은 입술로 다른 사람을 비판하고 정죄하는 죄와 불평불만, 질투 시기하는 죄를 제일 많이 범합니다. 천국 가는 믿음은 이러한 죄를 지으면 안 됩니다.

회개는 이렇게 두 가지의 회개가 있습니다. 첫 번째 회개는 예수님을 처음 영접할 때 하는 회개, 그리고 두 번째 회개는 예수님을 영접한 후 일상의 삶에서 하는 물 마시듯이 하는 회개가 있습니다. 첫 번째 회개는 예수님을 영접하고 내 마음에 주님으로, 왕으로, 구세주로 믿는 회개이고, 두 번째 회개는 일상의 삶에서 회개를 물 마시듯이 해서 성령님이 내 영혼에 충만히 계시게 하는 회개입니다.

오늘 말씀을 통해서 우리는 회개를 그저 입술로 중언부언하는 회개는 아니었는지 돌아봅시다. 회개는 죄의 고백을 넘어서 성령님의 임재가 임해서 온전한 그리스도인이 되기까지 해야 합니다. 마음과 입술과 생각으로 남을 정죄하는 죄를 끊어버립시다.

마지막 훈련

주님은 말씀하십니다.

예수님 : "하지만 말씀과 기도 생활이 항상 이어져야 한다는 것
　　　　　을 잊지 말거라. 울지 말라. 너의 곁에는 내가 있지 않
　　　　　니? 슬퍼하지 말거라. 그래도 너를 위해 기도하는 사람
　　　　　들이 있단다."

지귀복 : "주님 감사드립니다."

예수님 : "너의 얼굴이 너무 야위고 빛이 나지 않는 구나. 힘이 없
　　　　　는 너를 보고 있을 때 내 마음도 아프단다. 나의 딸아,
　　　　　이제는 새롭게 될지어다. 모든 삶에서 너의 마음과 생
　　　　　각이 변화를 받고 기쁨이 넘칠지어다."

지귀복 : "주님 감사드립니다. 나의 주님, 경배를 받으소서."

"귀복아, 이제 나의 대답에 만족하느냐? 네가 아무리 사람에게
이야기해봐도 내가 결정하지 않으면 아무것도 이루어질 수 없다
는 것을 알게 한 것이니 두려워하지 말라. 나는 너를 1분 1초도 나
의 눈에서 떨어진 적이 없다. 얼마나 마음에서 조마조마한 것도 안
다. 그토록 나를 의지하게 만든 것은 내가 없이는 아무것도 이룰
수 없기 때문이다.

이제 내가 너에게 2년이란 세월 속에서 너에게 갖가지 여러 가지

과정을 거쳐서 단련한 것은 나의 사역을 맡기기 위함이다. 너는 이제 치아 공사가 끝나면 사역을 시작할 것이다.

나의 사랑, 나의 신부야. 이제 또다시 내가 너를 간섭하게 될 것이다. 나의 음성에 귀를 기울이고, 나의 명령에 순종하거라.

나는 알파와 오메가요, 처음과 끝이라. 나 예수는 교회들에 말할 것이다. 지금은 너희가 회개할 때이고, 지금은 너희가 부르짖을 때이고, 지금은 너희가 영적 무장할 때라고 말이다.

이 시간 이후로부터는 이제 달라질 것이다. 나를 찾는 시간 하루에 3번, 다니엘과 같이 손을 들고 기도할 것."

"귀복아, 지금 이 시대는 정신과 영혼과 마음이 병들어 있는 자가 너무 많이 있단다. 그것이 자기를 갉아먹고 있는데 다른 곳으로 옮겨 다니며 살고 있다. 그런 자들은 바로 잡아 주기 위해서 너의 정신과 영혼의 마음을 훈련했느니라. 그들은 어떻게 터치할지 그것을 생각하고. 갖가지 질병으로 고통받는 자가 너무 많다."

성령께서 하신다.

주님은 말씀하십니다.

"모든 것은 아버지 하나님의 보살핌이 없이는 살아갈 수가 없게 되어 있지만, 자기 고집과 아집대로 살려고 발버둥을 치는 인간을 바라볼 때 그 영혼이 불쌍하기가 그지없구나.

그래도 나는 그들을 위해서 물과 피를 다 쏟아 부어주었으니 나의 백성이 맞지 않니? 과연 나의 백성이거늘, 마귀의 종이 되어서 살아가고 있는 그들의 습성을 볼 때 내 마음은 아프고 또 저리는구나.

이제는 시간이 다 되어져 가는 것 같구나. 하늘과 모든 땅의 권세가 드러날 때가 심히도 가까이 와 있다는 것을 깨닫는 자들은 깨닫고 있을 것이다. 지금은 성령께서 그 일들을 하고 계신다. 내가 너를 부른 것도 그 일의 일부분을 말하고 있는 것이다.

지금은 성령께서 폭발적인 은사를 일으키고 있는 시기이므로 누구든지 이러한 일들을 보고 있다면 깨달을 것이다. 깨닫는 자는 자신을 점검하고 내 이웃과 벗들에게 알려야 하니라. 지금은 천군천사들이 대기하고 있다고. 나는 모든 준비가 다 되어 있느니라."

성도의 삶의 훈련 과정

지귀복 : "나는 이렇게 만들어 주신 주님, 그 크신 주님의 앞에 감사와 경배를 올립니다. 나와 같이 어리석고 무지한 이 백성을 주님의 종으로 문지기로 세워주신 주님, 그 사명을 감당하게 하소서. 믿음과 말씀이 충만하게 하소서. 주님. 네. 아니요. 어떻게 할까요? 어디로 가나요? 그리고 항상 긍정. 나는 없다. 무엇을 어떻게 할까요?"

예수님 : "행할 길. 인간적인 생각으로 일을 하지 말고, 성령의 인도하심 따라. 너의 믿음이 70%이면 그만큼 치료되고, 너의 믿음이 80%이면 그만큼 치료되고, 너의 믿음이 100%이면 기적은 일어나는것이다."

[마가복음 16:17~18]

17 믿는 자들에게는 이런 표적이 따르리니 곧 그들이 내 이름으로 귀신을 쫓아내며 새 방언을 말하며 18 뱀을 집어올리며 무슨 독을 마실지라도 해를 받지 아니하며 병든 사람에게 손을 얹은즉 나으리라 하시더라

"치료 기도는 믿음을 100% 가지고 해야 한다. 모든 것을 기쁨으로 행하고. 근심, 억지로 하지 말아야 하고. 이에서 잡음이 생기고 힘이 들어진다. 공부도 기쁨으로, 일도 기쁨으로, 생각도 기쁨

으로, 문제도 기쁨으로. 이렇게 기도하지 않는 것은, 네가 기도하는 것이기에 역사가 없다. 그래서 이것이 예수 그리스도의 삶이다. 주님께서 해결하실 것을 믿고 기뻐하라. 그리하면 저가 네 마음의 소원을 이루어주시리라. 내가 계획을 했으니 그대로 한다. 그것은 아니다."

"성령의 인도하심 따라 주의 일을 영적으로 해야 한다. 많은 사람들이 엉거주춤하는 것은 인간적으로 하기 때문에 낯설고 자신감이 없는 것이다. 또한 자기의 의지로 하는 사람은 결국 자기 교만 시기 분쟁이 따라오는 것이다. 오직 성령으로 행하는 것이 잡음이 없다. 어떻게 온유함과 평안 가운데 믿음으로 주님과 동행하면서 하는 것이 성령으로 하는 것이다.

문제가 오기 전에 반드시 분주함이 먼저 온다. 컵 속에 물이 분리되어지는 과정을 볼 때 어떤 하나로 제거하기 위해서는 모든 것이 다 움직이기 시작한다. 그로 말미암아 **1단계**. 삶이 어지럽게 된다. 질서가 무너짐. 그다음 나타나는 현상은 가슴이 답답하고 육신이 더 마귀의 일로 바빠지게 한다. 그다음은 무엇을 어떻게 회개를 해야 할지 모르게 복잡하게 만든다.

*영적으로 가는 방법
1) 말씀을 읽는다.
2) 주님께 찬양.
3) 회개. 진심으로. 성령님께 의지해서 깨닫게 된 부분을 회개하

기 시작

4) 그다음 결단하고 마귀를 몰아내고 성령님을 모셔 들인다. 평
   안을 찾는다.

교만 + 자만 + 거짓 + 미움 + 악함 + 음탕, 입술과 생각과 마음

- 정직한 영, 예수님의 보혈의 피로 씻김.

때로는 육신의 통증을 통해서, 환경을 통해서, 가족을 통해서, 회
개의 노크 소리를 들어야 한다."

"보혈을 외칠 때 어떻게 회개해야 하는가 설명하라. 너희가 믿
을 때 성령을 받았느냐? 사도는 그리스도로부터 권위를 부여받은
대사이다."

[사도행전 19:2]
이르되 너희가 믿을 때에 성령을 받았느냐
이르되 아니라 우리는 성령이 계심도 듣지 못하였노라

[사도행전 16:31]
이르되 주 예수를 믿으라
그리하면 너와 네 집이 구원을 받으리라 하고

주님은 말씀하십니다.

"아직은 네가 연약하나, 조만간에 강력한 주님으로부터 권능을 덧입힐 것이다. 너는 하나님만 바라보고 너의 하나님이 어떻게 너를 위해, 아니 당신의 영광을 위해 일하시는가 지켜보거라. 너는 이제 감출 수도 없고, 숨길 수도 없는 나의 종이니라. 두려워하지 말고 믿기만 하라. 그가 정녕 너를 능력의 오른팔로 이끌어 줄 것이니 너는 기뻐 뛰며 주님을 찬양하리라. 나는 너의 보호자가 됨이니라."

2단계. 왜 이럴까? 자기를 점검하기 시작한다. 그래서 관대한 자기 자신에게 냉철하게 된다. 그래서 분별력을 갖게 된다.

3단계는 과연 이것은 내게로부터 온 것이 아니고 하나님의 뜻이다는 것은 인지. 겸손으로 머리 숙이게 된다.

그 다음(**4단계**), 그 분을 인정을 하게 되고, 의지하게 되고, 바라보게 된다.

다섯 번째, 그때 더욱 삶은 곤고해 진다. 가장 나의 잘못된 것을 잘라내기 쉬운 단계로 왔기 때문이다. 이것이 한참 지나면 온유하신 하나님의 사랑이 나를 덮는다. 그래서 내 맘이 여리고 가여울 정도로 예민해지게 된다. 그때 주님께서는 믿음이라는 무기를 준다. 그 무기는 나의 힘이 된다.
다섯 단계 이 믿음은 사용해야 하는데 이것은 힘으로 인간의 능력으로 되는 것이 아니고 오직 믿음, 성령의 힘으로 행하는 것이기에 기적이 일어난다. 여기에서 포기하는 사람들도 있다. 하지만 끝까지 가는 사람은 기적이 일어난다.

예수님 : "<u>여섯 번째</u>는, 너는 80%만 믿고 기도했다. 그래서 너의 목이 80%만 나았다."

지귀복 : "주님. 저는 100% 믿고 기도했는데요. 어떻게 한 것이 100% 믿는 것인가요?"

예수님 : "나를 많이 사랑하는 것이 100%이고, 나를 적게 사랑하는 것이 0%이다."

지귀복 : "예, 주님. 제가 주님을 80%만 사랑했군요. 이제 100% 사랑할 수 있게 해 주세요."

[마태복음 9:35]
예수께서 모든 도시와 마을에 두루 다니사 그들의 회당에서 가르치시며 천국 복음을 전파하시며 모든 병과 모든 약한 것을 고치시니라

예수님 : "주님의 능력 아래서 나를 사랑한 것도 인간적인 사랑이고, 필요에 의해서 삶이 어려워서 사랑한 것도 있고, 진정으로 사랑한 것이 있다. 너는 나를 어떻게 사랑하느냐?"

지귀복 : "진정으로 사랑해야지요."

예수님 : "너의 마음은 내가 안다. 나밖에 없다는 것을. 하지만 환경이 엄습할 때 현실에서는 믿음을 지킨다는 것이 그

리 만만치만은 않는 것이지. 베드로가 부인했듯이, 일곱 번째, 사람과 사람 관계에서 나를 드러내지 않고, 자기 편리한 대로 말하는 크리스천이 얼마나 많은지 아느냐? 또 자기의 삶과 환경 때문에 나를 부인하는 자들, 자기가 무얼 하기 위해 자존심, 자기 체면 등등이 이러한 것들을 인해 나를 부인해버리는 자들이 많다는 것이다. 그 모습을 보고있는 나는 어쩌하겠느냐? 씁쓸하겠지?"

지귀복 : "예. 주님. 그렇네요. 하지만 이 세상은 정말 살아가기가 만만치 않아요. 그래서 늘 넘어지고, 다시 일어나고, 또 회개하고 그러한 삶을 살고 있죠. 하지만 주님께서 모든 것을 이루셨으니 염려 없어요."

예수님 : "그래. 내가 다 이루었느니라. 염려 없다고하느냐? 아니야. 나의 이름은 이긴 자가 받는 것이지, 진 자는 받을 수가 없어. 왜 그러느냐고? 내가 성경에 기록했듯이 모든 말씀은 이긴 자의 것이야. 그래서 이긴 자가가는 곳이 천국이고, 이긴 자가 받는 것이 아브라함의 복이야."

"여덟 번째. 그래서 이긴 자의 훈련을 하는 것이 신앙의 로드맵이지. 끊임없이 내가 말하고 싶은 것은, 이 세상의 모든 것이 변해도 태초에 천지를 창조했던 이 말씀은 변하지 않는다는 것이다. 아무리 이 산을 들어 저 바다에 옮길 믿음이 있다 해도 말씀에 무릎을 꿇지 않는다면, 다 헛것이고 허무할 뿐이야. 많은 사람은 자기

가 안다고 말씀을 많이 읽고 안다고 한다만은 말씀을 한 구절 아
는 그것을 삶에서 나타내 보이는 90 먹은 할머니가 말씀을 100독
했다고 말만 앞세우는 젊은이보다 낫다는 것이지. 왜? 그 할머니
는 그러냐고? 그는 믿음으로, 말씀으로 이긴 자의 삶에 들어갔으
니까. 나를 사랑함이 그 속에 인 같이 박혀져 있음이야. 이제 좀 이
해를 하겠느냐? 나를 떠난 삶은 다 부질없는 것이야. 교회 안에서
도 나를 떠난 사람들의 삶을 보고 있단다. 얼마나 열심으로 얼마나
거창하게 얼마나 품위 있게 얼마나 지적이게 잘하느냐? 하지만 그
속에 나를 향한 사랑이 없다는 것이 아쉽구나.”

아홉 번째.

예수님 : “사람들은 말하지. 주님을 사랑하기 때문에 힘에 겹게
봉사하고 헌신한다고. 음...음.. 아니야. 그는 처음부터
나를 향한것이 아니야. 사람에게 나타내려고 했던 것
이야. 그러니 그 마음에 기쁨이 없지. 내가 보는 사랑
하는 자는 기도 많이 하고 봉사 많이 하고 전도 많이
하고. 으음... 나를 사랑하는 마음이 먼저라는 것이지.
그 사람을 보면은 내가 들어가 있는 것을 다른 사람이
볼 수 있어야 한다는 것이다. 그것이 100% 나를 사랑
한 사람이란다.”

지귀복 : “주님 어려워요.”

예수님 : “그래. 왜 어려울까? 세상이 너를 잡고 있기 때문이야.
그것을 다 놓아라. 그러면 그 사랑이 너를 점령할 것이

다. 순금이 왜 깨끗할까? 나의 사랑은 깨끗할 때만 들어가게 되어 있단다. 오늘은 내가 말한 것이 어째 좀 어렵느냐?"

지귀복 : "네."

예수님 : "네 머리로는 이해가 안 가지만 너의 마음은 깨닫고 있구나..."

사랑하는 나의 종아

주님은 말씀하십니다.

예수님 : "사랑하는 나의 종아, 방황하지 말거라. 이제 이 곳에서 필요한 것은 말씀이다. 제 2단계로 진입하게 된다. 이 곳에서부터 시작될 것이다."

지귀복 : "주여, 오늘 이 나라에서 영적 주소와 현실을 보게 하소서. 주여, 이곳이 말씀의 물댄 동산이 되게 하소서. 오, 주여, 감사합니다. 주님만이 나의 전부이십니다."

예수님 : "나는 전능자 만왕의 왕이시오. 너희를 구원할 주님이시다. 너는 나를 위해서 일해야한다."

지귀복 : "예. 주님."

예수님 : "내가 너를 택한 것은 나의 마음에 있는 이야기를 말하기 위해서다. 지식이 부족하면 지식을 줄 것이고, 능력이 부족하면 능력을 줄 것이다. 입술의 권세를 주었은 즉, 내 말은 곧 영이요, 생명이라고 한 것처럼 이제는 그 입술로 풀고 매는 역사가 일어난다. 선포하라. 가정마다 가서 마귀를 쫓고 선포하라. 주님을 맞을 준비하라고. 믿음으로 나의 능력으로 나아가고 행할 때 역사가 일어난다."

지귀복 : "아멘. 주 예수님. 주님을 찬양합니다."

아버지의 사랑으로

주님은 말씀하십니다.

"많은 사람들이 나의 능력을 가지고 함부로 사용하고 있다. 보다 바른 방법, 아버지의 사랑으로 행해졌으면 좋겠구나. 자기 방식대로 하다가 나가떨어져서 헤어 나올 줄 모르는구나. 생각 속에 갇혀서 번민하다가 마귀에 올무에 걸리게 되는구나. 왜 너희는 내가 일러준 대로 하기를 싫어할까? 그 속에는 나의 생명의 복음이 없는 것이다.

진리는 변하지 않고, 진리는 순전하며, 진리는 영원한 것이야. 그것이 곧 말씀이니라. 믿음으로 보는 자만이 가장 귀한 보배를 캐낼 수 있단다. 숨을 쉬고 있다 해서 모두 다 살아있는 것이 아니듯 말씀을 안다고 해서 모두가 다 깨닫는 것은 아니지. 오직 자기를 부인한 자만이 가장 값진 향유를 깨뜨릴 수가 있단다. 숨을 쉬는 순간에도 이미 그 속에 생명이 없는 자가 있다는 뜻이지. 아직 네가 깊은 뜻을 조금은 어렵게 생각이 들지만 점차적으로 깨달을 것이다."

[예레미야 23:29-30]
29 여호와의 말씀이니라 내 말이 불같지 아니하냐
바위를 쳐서 부스러뜨리는 방망이 같지 아니하냐
30 여호와의 말씀이라 그러므로 보라
서로 내 말을 도둑질하는 선지자들을 내가 치리라

회개하는 영혼 위에

주님은 말씀하십니다.
예수님 : "삶의 무게가 누르는 힘이 무겁냐?"

지귀복 : "예. 주님."

예수님 : "아련하게 떠오르는 죄성이 이제는 너를 짓누르고 더 나아가서는 죄악의 독에 빠져갈 것인데, 아직도 너의 자아가 살아서 무엇을 할까?"

지귀복 : "예. 주님. 저는 아주 선악과를 입에 물고 사는 죄인입니다. 그것을 모르고 살아왔습니다. 이제 진리의 말씀을 깨닫게 하셔서 너무나 죄인된 자리에 내려가서 회개하며 살게 하소서. 은사적인 회개가 아니라, 계명에 의한 회개를 할 수 있게 하소서. 죽을 것 같은 심정으로 십자가의 주님을 바라봅니다. 나의 죄를 용서하시고 구원해주세요."

주님은 말씀하십니다.

예수님 : "마음을 강하게 하거라. 담대히 하거라. 무엇이 너를 붙잡는 것일까? 나의 십자가를 바라보는 자는 그 무엇도 문제가 되지 않는단다."

지귀복 : "아버지, 나의 아버지. 나는 죄인입니다."

예수님 : "너는 죄인임을 철저히 깨달아야 나와 함께 갈 수 있는 것이다."

지귀복 : "어찌해야 할지 내 영혼을 붙들어 주소서. 아버지, 이 또한 아버지의 뜻이겠지요. 감사를 드립니다. 회개하는 이 영혼 위에 주의 보혈의 강물이 넘쳐나네요."

주님은 말씀하십니다.

예수님 : "너의 실체를 알고 나니 나의 십자가의 위대함이 얼마나 귀한 것인지 알겠느냐? 철저히 너의 자아는 부서져야 한다. 내가 너를 주관할 수 있게 너는 없어져야 한다. 그 누가 너를 찔러도 반응이 없어야 한다. 그래야 참된 나의 제자가 되느니라. 너의 가치관, 사고 방식, 생각 속에 각을 짓는 모든 것이 이제는 완전히 바뀌어야 된다."

지귀복 : "주님, 감사를 드립니다. 내 마음이 아니고 주님의 마음을 주소서."

주님은 말씀하십니다.

예수님 : "나를 향한 사랑은 보기 좋은 것이 아니고, 쓰리고 아픈 것이다. 보기 좋은 것이 사랑이라고 누가 말하더냐? 그것은 회칠한 무덤과 같은 모습이란다. 사람의 얄팍한 감정으로 덮어지는 그 사랑으로 사람들은 웃고 울고 삶을 살지. 나는 너에게 쓰고 맵고 짭짤한 사랑의 맛을 보여주고 싶구나. 나는 피를 흘리고 있는데, 어찌 그 사랑의 가치가 너희 인간의 것들과 비교가 되겠느냐?"

지귀복 : "아버지, 아버지 용서하소서."

예수님 : "진정으로 내가 말하는 진리의 말씀을 받고싶은 것이냐?"

지귀복 : "예. 그렇습니다."

예수님 : "그렇다면 너는 없어져야 되느니라. 아버지 의 마음을

가지고, 나의 마음을 가지고 성령으로 행할 때에 참된 빛이 되는 것이다."

[시편 133:1-3]
1 보라 형제가 연합하여 동거함이 어찌 그리 선하고 아름다운고 2 머리에 있는 보배로운 기름이 수염 곧 아론의 수염에 흘러서 그의 옷깃까지 내림 같고 3 헐몬의 이슬이 시온의 산들에 내림 같도다 거기서 여호와께서 복을 명령하셨나니 곧 영생이로다

깨어라! 한국교회여

주님은 말씀하십니다.

"길가의 들풀도 내가 다 기르거늘 하물며 너희일까 보냐? 무엇을 어떻게 할까 염려하지 말거라. 그대로 주 안에 거하라. 숨은 그림을 찾듯이 나의 은혜를 찾으라. 그 은혜는 오늘도 소리 없이 내리고 있다. 비어 있는 마음에 사모하는 심령에게만 내린다. 쉴새 없이 뿜어내는 악의의 찬 말들, 그 속에 정녕 나의 은혜가 머물겠느냐?

스올의 뱃속을 향해 가는 눈먼 자들아, 조금만 생각하면 나를 찾을 수 있건만, 너희의 그 욕심이 너와 나 사이에 담을 만드는구나.

너의 것을 포기하지 않는다면 결코 나와 함께 할 수 없는 것을 입으로는 외치건만 너의 삶이 증명해주지 않는구나. 여전히 부요해, 여전히 배가 불러, 여전히 위선적이야. 지옥 맨 밑에 들어갈 자들아."

주님은 말씀하십니다.

"나는 마지막 그 순간까지도 너를 놓치고 싶지 않다. 진정한 회개를 촉구하고 싶다. 참으로 가소롭구나. 네가 왕의 자리에 앉아서 군림하고 있구나. 우주 만물도 내가 창조했고, 백성도 나의 백성들이건만. 너는 높은 곳에서 자리를 잡고 있구나. 마치 타락한 천사처럼.

그렇게 진짜같이 하지 않아도 너는 스올의 깊은 데로 갈 것인데, 얼마나 내 백성들의 피를 흘리게 하려고 그러는 것이냐? 가룻 유다에게 말했듯이 너는 차라리 태어나지 않는 것이 나을 뻔했다고 말한 것처럼, 네가 나의 종이 되지 않았더라면, 지금의 그 모습은 아니었을 것 같은데. 피리를 불어도 춤을 추지 않는 세대지만 나는 말하고 싶구나. 너희는 정녕 지금 회개하라고. 피뿌림이 없이는 죄사함이 없는 것처럼 나의 보혈을 입지 않고는 나를 만날 수가 없다."

주님의 은혜

평생의 DNA 속에 들어있는 죄성들, 조상의 망령된 죄악의 습성들 끊어내게 하시고 성령으로 점령하여 주옵소서. 이 모습으로 나타난 열매가 바로 현실의 나의 가정의 모습이다. 회개는 성령께서 덮어주셔야 합니다. 어린 시절부터 죄악이 들어와서 어떻게 인생을 망가지게 하고 갔는지를 볼 수 있는 눈을 주신 것, 감사드립니다. 나의 DNA 속에 들어 있는 조상의 망령된 습관을 끊어낼 수 있는 힘은 오직 성령님이십니다. 아무리 몸부림쳐봐도 해결할 수 없는 죄, 아무리 해결하려 해도 해결할 수 없는 죄, 그 죄에 멈춰있기 때문입니다. 그로 인해서 나오는 열매들은 끊어낸다고 없어지는 게 아니라 아예 그 나무를 없애야 합니다. 그 해답은 성경에 있습니다. 아담과 하와를 속였던 마귀.

[창세기 3:5-6]
5 너희가 그것을 먹는 날에는 너희 눈이 밝아져 하나님과 같이 되어 선악을 알 줄 하나님이 아심이니라 6 여자가 그 나무를 본 즉 먹음직도 하고 보암직도 하고 지혜롭게 할 만큼 탐스럽기도 한 나무인지라 여자가 그 열매를 따먹고 자기와 함께 있는 남편에게도 주매 그도 먹은지라

마귀는 끊임없이 속입니다. 지금 너의 모습이 다 되었다고 하지

만, 어느 날 또 다시 그 죄의 싹은 다시 나오고 열매를 맺게 됩니다. 철저하게 추격을 해서 이 죄를 파쇄하고, 주님께서 용서를 해 주셔야 합니다.

참된 회개가 필요합니다. 이 죄의 문제가 해결되지 않는 상태는 모든 것이 정지된 상태라고 보면 됩니다. 살고 있으나 내 정신이 아닌 것입니다. 끌려다니고 있는 것입니다. 참 평안이 없습니다. 죄 자체가 거짓이기 때문입니다. 죄는 파쇄하고 예수님의 이름으로 생명이 새롭게 태어나야 합니다.

예수님 : "지을 때는 달콤하지만, 죄가 얼마나 무서운지 아느냐? 모든 영혼과 육신을 파멸로 몰고 가고, 결국 지옥으로 이끄는 것이 죄다."

지귀복 : "예, 주님."

예수님 : "주의 영이 그곳에 없으므로 죽음으로 마귀가 끌고 가는 것이다. 눈을 떴을 때는 이미 영과 몸이 심히도 지쳐 있는 상태이기에 그 어떤 도움도 줄 수 없는 것이지. 오직 성령을 다시 받음으로 소생되게 되는 것인데, 이 과정이 그리 쉽지가 않다. 하나하나 포기하고 도로 개가 토한 것을 다시 먹고 있는 격이지. 여기에서 내 백성을 구출해 줄 자는 나의 영으로 충만한 자만이 가능한 것이다. 그의 믿음으로 이끌어 내는 것이지. 그리고 치료가 시작되는 것이다. 누군가는 그 영혼을 위해서 눈물로 기도해야 된다는 것이다. 너는 그것을, 그 일을 하게

될 것이다. 이제 여기까지 훈련이 끝났다."

성령이 충만한 자들은 이 일을 해야 된다는 것입니다.

예수님 : "성령의 불을 내려줄 것이다. 원래대로 돌아갈 것이다.
　　　　이 부분이 철저하지 않는다면, 교만해져서 다른 사람
　　　　을 판단하게 된다. 그러면, 자기 옛 죄가 도로 돌아오게
　　　　되는 것이지. 이런 것을 어떻게 성경적으로 풀어서 설
　　　　명해 줄 수 있겠으며, 그것이 이해가 가며, 치료가 일어
　　　　나겠느냐? 사람들의 모든 행동은 죄가 나가서 먼저 그
　　　　사람을 대변하고 있다. 그것을 보고 분별하라. 배운 자
　　　　는 자기의 것을 드려낼려 하고 있고, 못 배운 자는 움츠
　　　　리고 있고, 가진 자는 여유있는 척 하고, 없는 자는 얻
　　　　고자 하는 마음 뿐이다. 주님을 아는 자는 오직 겸손으
　　　　로 예, 아니오 하느니라. 나의 속의 죄성을 철저히 그
　　　　실체를 보아야 한다."
지귀복 : "주여, 나는 죄인입니다."

연민의 포로가 된 내 백성

주님은 말씀하십니다.

예수님 : "내 백성들이 연민의 포로가 되어 있다. 그들은 나를 사랑한다고 말을 하지만, 사랑의 대상은 내가 아니란다. 연민에 빠져서 허우적대는 내 백성을 볼 때 그들의 인생을 죄악의 늪으로 끌고 가는구나. 결국은 탄식의 동굴로 들어갈 때까지 참 신앙을 모르고 갈 것인데, 누가 그 영혼을 터치해 줄까? 바른 진리를 가르쳐 주어도 믿으려고 하지를 않는다는 것이 문제다. 이렇게 (바르지 못하게) 끌고 가는 자는 예수님을 믿지 않는 자보다 더 악하고 잔인한 자이니라. 세상의 시간도 지나가고 있지만. 주님이 오시는 시간도 다가오고 있다. (세상의 시간, 거듭나지 못한 시간은 크로노스. 하나님의 시간, 거듭나는 시간은 카이로스.) 너희를 향한 나의 사랑은 오늘도 흐르고 있다. 그 사랑에 반응하는 자만이 나를 만날 것이다. 오직 믿음으로만이 이루어지는 것이다. 나는 실제로 너희와 함께 있고 함께 살고 있는데도 내 백성은 의식하지 않고 살아가고 있구나. 성령이 모든 것을 조명해 주심에도 그것을 무시하고 제 마음대로, 제고집대로 (하나님 자리에서 내가 복음을 불법

판단하는 짓) 말씀과 기도를 떠나서 살다가 무가치한 삶으로 끝나는 것이지. 매우 슬프고 안타까운 일이 아닐까? 진정한 회개가 필요한 이 시대에 참 회개를 하는 자가 그리 많지 않구나. 지금은 성령의 전신갑주를 입어야 할텐데. 나의 순결한 신부가 얼마나 될꼬? 모두가 다 두 마음을 품고 살고 있다. 나의 백성들이 말씀을 몰라서 죄를 짓는다. 바른 신앙이 얼마나 중요한지 아느냐?"

지귀복 : "예. 주님."

"지금은 오직 물질하고 연결이 되어 있다. 나의 능력의 맛을 보여주기식 목회. 양들은 그것도 감사히 받으려고 애쓴다. 애쓰다 나가 떨어진 내 백성이 많다. 내 것(하나님의 말씀)을 가지고 자기 마음대로 조작하는 위선자. 모든 것은 자기중심이 되어 버린 상태. 양들의 입에 들어가는 것까지도 간섭하고 있다.

광야에서 만나를 준 것은 모세가 준 것이 아니고, 하나님께서 주셨다. 마치 자기가 내리는 것처럼 나의 이름을 앞세워서 말하고 있구나. 쉬지 않는 독이요, 회칠한 무덤 같다. 온 사방에 독이 퍼져 있다. 물질의 독. 영은 죽어가고, 돈신이 그 자리를 차지하고 있다.

나는 그들의 하는 것에 별 의미가 없다. 그들이 하는 찬양, 그들이 하는 일들 별 의미가 없다. 자기 연민, 자기 슬픔, 너무나 멀어진 영적 상태를 한탄하며 부르짖는 소리일 뿐이다.

내 백성을 쥐어짜고 여유를 부리고 있구나. 산 넘어 산이라더니

가관이 아니구나. 소리 없이 내리는 눈을 맞듯이 내 백성이 세속에 젖어가고 있구나. 영적으로 병들은 영혼이 너무 많다. 돌보아주지도 않고, 무방비 상태에서 헤매는구나.

누가 이 양 떼를 이끌어 줄 것인가? 이름 모를 나의 일꾼이 어디에 있을까? 찾아 찾아 발견하고 지목해서 일을 맡겼건만, 그도 변질되어 버렸구나. 나의 명령을 받기 싫은 게지. 희미한 등불처럼, 꺼져가는 심지처럼 이제 꺼져가고 있는데 그것도 모르고 여전히 '나 잘났어'하고 폼을 잡고 있구나. 두령도 없고 감독자도 없는 개미에게 가서 지혜를 얻으라고 했는데 자기의 지식에, 자기의 복음에 갇혀버렸구나.

이 땅의 나의 백성들이여, 내 말을 들어라!

나는 너희를 향해 달려가고 싶으나, 지금 준비가 안 되어서 기다리고 있다.

나의 백성아, 깨어라! 일어나라! 마지막 힘을 내서 나의 길을 예비하라! 간절히 간절히 너희를 향해 외치는 나의 소리를 들어라! 지금 회개하고 나의 보혈의 옷을 입어라! 새것은 새 부대에 담듯이 새롭게 신부로 단장하는 내 백성을 만나고 싶구나.

너무나 기다리던 나의 신부들이여, 천국과 지옥의 실체를 철저히 받아들이거라(불법은 자기가 바르게 하고 있는 것처럼 착각하는 자를 가리킨다). 말씀 안에서 성령으로 이끌림 받지 않는다면, 결코 나를 만날 수가 없단다.

이제는 엎드려 성령의 임재가 올 때까지 기도해야 한다. 성령이 너의 영혼을 점령하지 않는다면, 나의 음성을 들을 수가 없다. 빈 들의 마른 풀 같은 너희 영혼을 생각하면 나는 견딜 수 없는 애타는 마음이다. 나를 받아 주었으면 좋겠구나. 나의 말을 받아 주었으면 좋겠구나.

영원한 천국과 지옥은 실제로 존재하기에 그곳은 행복(천국)과 비참함(지옥)이 존재하는 곳이다. 천국을 놓친 자들아! 너희가 지금 생명의 숨을 쉬고 있는 이 시간 (살아있을 때) 회개한다면, 너는 낙원에서 나와 함께 거닐 것이지만, 이것을 무시한다면 스올 깊은 곳에서 영원히 고통 속에서 부르짖을 것이다."

예수님 : "사랑하는 나의 자녀야."

지귀복 : "예. 주님."

예수님 : "나의 이 애타는 심정을 전해다오. 이제는 기다릴 시간이 없다. 정말 너무나 시간이 되어 간다. 나의 백성아! 나의 백성아! 나의 보혈을 의지하고 너의 모든 죄를 씻어라! 그리고 나의 보혈의 옷을 입어라! 나의 보혈은 지금 너에게 흐르고 있다. 마귀에게 속지 말고 지금 고백하라! 그리하여야 내가 성령으로 너에게 들어갈 수 있다. 숲이 우거졌다고 너의 모습이 드러나지 않는 것은 아니다. 시간이 갈수록 너의 죄는 모두 다 드러나게 될 것이야. 목숨이 붙어 있을 때 회개하고 너의 주님을 찾으라!"

[로마서 8:2]
이는 그리스도 예수 안에 있는 생명의 성령의 법이
죄와 사망의 법에서 너를 해방하였음이니라

"두아디라교회 사자에게 말했듯이 내 생명이 존재하지 않는 곳은 별 의미가 없다. 아무리 많은 사람이 모여서 나를 찬양하고 소리를 쳐도 내게는 별 의미가 없다. 그곳은 내 생명이 없기 때문에 울리는 꽹과리와 같다.

소돔과 고모라 땅에 하늘에서 유황불이 내리기 직전 고요한 시간 지금이 그 시간이다. 빈 수레가 요란하다는 너희의 속담이 있듯이 내가 없는 곳에 무슨 생명의 싹이 나겠느냐? 모두가 왜곡된 나를 찾고 부르고 마치 다른 신에게 경배하는 것이겠지.

들어라! 부한 자들아. 부하려는 자들은 올무에 걸리겠고, 자기의 의를 드러내는 자들은 사망의 종이 될 것이다. 형식과 외식을 벗지 않고서는 결단코 가난한 심령이 될 수 없고 하나님을 볼 수도 없을 것이다. 내 백성이 먼저 알아야 할 것은 너희는 뼛속까지 죄인이라는 사실을 알고 기도할 때 자기를 드러내기보다는 '회개부터 해야' 성령님이 일하신다는 것을 알았으면 좋겠구나. 죄인으로 내 앞에 서야만 나를 만날 수가 있다. 의인은 나를 만날 수가 없다. 이것을 전해다오. 나는 죄인을 불러 회개시켜 천국에 데려가기 위해서 왔다."

"아멘."

나의 마음을 알아주는 참된 종이 없어서 울고 싶구나

마태복음 24장은 세상의 마지막 때에 예수님이 오실 때에 나타나는 징조들에 대해서 주님이 말씀하신 내용입니다. B.C 586년에 예루살렘 성이 멸망할 때와 비슷한 배경을 가지고 있습니다.

예루살렘이 망한 이유 중 하나는 하나님의 참된 종은 예레미야 한 사람뿐이었고 대부분 거짓 선지자들이었습니다. 참 선지자와 거짓 선지자는 어떻게 구분됩니까? 참 선지자는 사람들의 죄와 회개 그리고 하나님의 심판에 관한 말씀을 선포합니다.

그러나 거짓 선지자는 백성들의 죄를 말하지 않고 평강과 축복에 관한 설교만 합니다. 사람들은 거룩하신 하나님 앞에서 죄악 덩어리입니다. 돌아서면 죄를 짓습니다. 그래서 날마다 예수님의 보혈을 의지해서 죄를 회개하지 않으면 예수님과 동행할 수 없습니다.

그런데 예루살렘이 멸망할 때 이스라엘 백성들은 거짓 선지자들이 회개 없는 축복, 회개 없는 구원을 전하는 설교에 감동하고 은혜 받았습니다. 그러나 예레미야는 회개를 통한 하나님의 구원과 심판만을 설교했습니다. 예루살렘 백성들은 회개를 선포하는 예레미야의 설교를 듣기 싫어했습니다.

예레미야를 때리고 옥에 가두었습니다. 특히 거짓 선지자들과 왕과 신하들이 더더욱 예레미야를 핍박했습니다. 결국 회개 없는 축복과 평강의 말씀을 전하는 거짓 선지자들을 따랐기에 예루살렘은 바벨론에게 처참하게 죽임당하고 멸망당했습니다.

마태복음 24장에서 예수님은 마지막 때에 거짓 선지자, 즉 거짓 목사들이 많이 일어나 많은 사람을 미혹할 것이니 조심하라고 네 번이나 강조하시면서 깨어있으라고 말씀하시고 있습니다. 더욱 놀라운 것은 거짓 그리스도인들과 거짓 목사들이 큰 표적과 기사를 보여주면서 할 수만 있으면 택하신 자들도 미혹해서 믿음을 잃어버리게 할 것이라고 말씀하십니다.

마태복음 7장에 보면 예수님의 이름으로 병을 고치고 큰 표적과 이적을 행하면서도 지옥 가는 목사들이 소개되고 있습니다. 큰 표적과 이적을 나타내는 것과 천국 가는 구원과는 별개라고 예수님이 말씀하셨습니다.

예수님 당시 약 600년 전에 있었던 예루살렘의 멸망이 또다시 재현될 거라고 예수님이 말씀하시고 있습니다. 그리고 예수님의 심판 예언은 A.D 70년에 로마에 의해서 예루살렘은 또 처참하게 멸망 당했습니다.

예수님은 다시 오시는 재림 때에 이 세상의 징조에 대해서 노아의 홍수 심판을 비유로 말씀하시고 있습니다. 노아 홍수 때에 사람들이 장가들고 시집가면서 먹고 마시는 일에 정신이 팔려서 홍수 심판받을 때까지 하나님의 심판을 깨닫지 못했다고 말씀하시면서 예수님이 재림하시는 날에도 똑같을 거라고 말씀하시고 있습니다.

오늘날 설교가 대부분 회개 없는 축복과 위로가 가득합니다. 그래서 예수님이 천국에서 한탄하시고 계십니다. 예수님은 저를 천국에 올라오게 하신 후에 이 땅의 종들을 향해 주님의 마음을 알아주는 종이 없다고 울고 싶다고 한탄하셨습니다.

예수님의 종으로 부르심을 받아서 힘들고 어려운 환경 가운데에도 불구하고 예수님의 길을 주님의 백성들에게 알려줄 참된 종을 찾고 찾으신다고 말씀하셨습니다.

기도의 3단계 진입

우리의 공허한 마음은 예수님이 오셔야 채워집니다. 오랜 세월 죄로 말미암아 찌들은 영혼의 상태에서 끊임없이 주님을 불러 보았지만, 답답한 상태일 때, 죄가 누적이 되어 쌓이고, 쌓이고 체념한 상태에 있을 때, 너무나 나 자신이 부끄러워 삶을 포기하고 싶을 때, 한 줄기 희망을 주신 진리의 성령님! 가장 먼저 회개의 문을 열어 주셔서 간절한 마음으로 거짓의 위선의 옷을 벗고 그대로 무릎을 꿇습니다. 나의 참모습을 보신 주님께서 성령의 감동 감화와 위로의 은혜 속에 주님의 약속의 말씀을 붙잡습니다.

[마가복음 16:17-18]
17 믿는 자들에게는 이런 표적이 따르리니 곧 그들이 내 이름으로 귀신을 쫓아내며 새 방언을 말하며 18 뱀을 집어 올리며 무슨 독을 마실지라도 해를 받지 아니하며 병든 사람에게 손을 얹은즉 나으리라 하시더라

예수 그리스도께서 다 이루어 놓으신 십자가의 사랑을 사탄은 오늘도 나를 죄의 사슬에 묶음으로 나오지도 들어가지도 못하게 정죄하고 한없이 우리를 추락시키고 있습니다.

[창세기 3:5-6]
5 너희가 그것을 먹는 날에는 너희 눈이 밝아져 하나님과 같이 되어 선악을 알 줄 하나님이 아심이니라 6 여자가 그 나무를 본즉 먹음직도 하고 보암직도 하고 지혜롭게 할 만큼 탐스럽기도 한 나무인지라 여자가 그 열매를 따 먹고 자기와 함께 있는 남편에게도 주매 그도 먹은지라

〈회개의 1단계 진입〉
작은 신음에도 응답하시는 성령님. 참된 회개.
사람은 속일 수 있어도 하나님은 속일 수가 없습니다.
'나는 이런 사람입니다.'라고 내 모습 이대로 고백하는 것입니다.
그때 내가 고백하고 회개한 만큼 내 안의 나를 짓누르는 상처와 죄책감은 사라지고 성령님의 임재가 시작됩니다.

〈회개의 2단계 진입〉

[히브리서 11:1]
믿음은 바라는 것들의 실상이요 보이지 않는 것들의 증거니

오직 믿음으로 뛰어넘어야 합니다.
사탄은 내가 지은 죄로 기도의 통로를 장악하고 있기 때문입니다.

그 통로에는 사탄이 있지만, 그것은 껍데기에 불과합니다. 왜냐?

이가 없기 때문에 우리를 해칠 수가 없습니다. 공포만 줄 뿐입니다. 그 위에는 우리 주님이 좌정하고 계십니다. 나와 같은 죄인을 구원하시려고 그 십자가를 지신 주님 앞에 나를 드리는 기도를 해야 합니다.

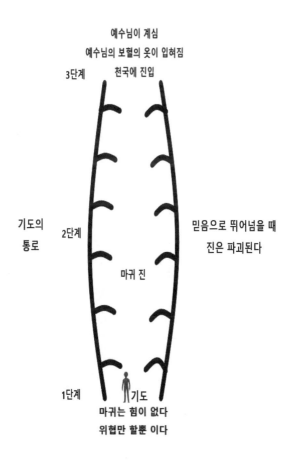

예수님이 계심
예수님의 보혈의 옷이 입혀짐
3단계   천국에 진입

기도의   2단계   믿음으로 뛰어넘을 때
통로   진은 파괴된다

마귀 진

1단계   기도
마귀는 힘이 없다
위협만 할뿐 이다

〈회개의 3단계〉

온 힘을 다해서 주님만 바라보고 전진하면 어느새 내 영혼은 천국의 입구에 도달해 있습니다. 나는 어느새 날개가 달린 하얀 옷을 입고 주님을 맞이하게 됩니다. 주님은 나의 두 손을 붙잡고 천국으로 인도해 주십니다. 그곳에서의 광경은 예전에 본 천국의 그 모습 그대로 생명수 강가에 내가 다녔던 곳을 다시 방문하게 되었습니다.

한 가지 중요한 것은, 이 땅에서 우리가 영적인 이탈을 했을 때 우리의 천국의 집은 스톱이 된다는 것입니다. 내 영혼이 회복되어질 때 다시 천사가 집을 짓기 시작합니다. 모든 것이 회복이 되어지는 시간입니다.

이런저런 일들을 겪을 수밖에 없지만, 주님께서 다 이루어 놓으신 십자가의 그 보혈의 피를 의지하고 믿음으로 지성소의 기도를 들어가십시오. 주님을 만나시게 될 것입니다. 주님을 찬양할 수 있는 날개가 펴집니다. 마귀의 포로가 되어 있는 사람은 절대로 주님께 찬양할 수 없기에, 우리의 짐을 대신 져 주시는 주님을 찬양합니다!

[누가복음 4:18]
주의 성령이 내게 임하셨으니 이는 가난한 자에게 복음을 전하게 하시려고 내게 기름을 부으시고 나를 보내사 포로된 자에게 자유를 눈먼 자에게 다시 보게 함을 전파하며 눌린 자를 자유롭게 하고

참된 진리 안에 머무는 자

주님은 말씀하십니다.

예수님 : "사랑하는 딸아, 참된 자유가 임하여서 기쁘냐?"

지귀복 : "예. 주님."

예수님 : "진리는 말이다. 마치 흐르는 물과 같단다. 물이 머무는 곳에는 시원함과 상쾌함이 오듯, 이 진리가 머무는 곳에는 참 자유함이 있단다. 내가 많은 사람들에게 이 진리를 말하고 또 말하거늘, 저들은 받아들이지를 않고 제 갈 길로 가고 있지 않니? 내 안에 거하는 너를 보니 나는 참 기쁘구 나. 영적인 너의 모습이 아침 이슬과 같은그 영롱한 눈망울이 아름답구나. 나를 가진자는 그 무엇도 부러울 것이 없단다. 내 생명을 품고 있는데 무엇이 그들을 엄습하겠느냐? 이 세상의 그 어떤 것도 우리를 하나님의 사랑에서 끊을 수 없단다."

[로마서 8:38-39]

38 내가 확신하노니 사망이나 생명이나 천사들이나 권세자들이나 현재 일이나 장래 일이나 능력이나 39 높음이나 깊음이나 다른 어떤 피조물이라도 우리를 우리 주 그리스도 예수 안에 있는 하나님의 사랑에서 끊을 수 없으리라

"샘솟듯이 넘쳐나는 나의 진리의 말씀 안에 거한다면 너의 마음은 날마다 유쾌하게 될 것이야. 나사로를 자유케 한 내가 아니더냐. 내 말은 곧 영이요, 생명이니라. 내가 부르면 모든 것이 머물고, 내가 말하면 모든 것이 서느니라. 나는 곧 진리이기 때문이다. 아버지의 영이 내 안에, 내가 너희 안에 머무는 그 말씀이 성령께서 조명해 주시는 진리의 말씀이니라. 기도는 네가 바꾸어 가는 것이지, 하나님이 바꾸시는 것이 아니다."

주님의 사랑

주님은 말씀하십니다.

예수님 : "기도할 때 하나하나 느끼지 못한다면, 능력을 행할 수가 없다. 그 방법을 터득하는 것이다.

나사로를 볼 때 나는 사랑하는 마음으로 울었다. 너는 불쌍한 마음으로 울지만, 사랑하는 마음으로 해야 기적은 일어난다. 그것은 믿음과 관계가 있기 때문이지. 그래서 사람들은 기도를 하고서도 이기주의적인 태도를 취하게 되는 것이지. 금방 은혜받을 때뿐, 그것이 그리 오래 가지 못한 것은 사랑하는 마음이 없고 자기중심이 되는 것이기에 그렇단다. 아무리 말씀을 많이 안다 해도 자기중심적인 신앙생활을 한, 한낱 뜰신앙에 불과하지.

인생의 가장 낮은 삶을 살아 본 내가 무엇이 두렵겠느냐? 이제는 나를 알았으니 평안하라.

두려워 말라. 그 누구도 너를 해칠 자가 없단다. 나는 너의 보호자가 됨이라. 너의 짐을 내게 다 지고 있으니 너는 기쁨으로 가면 되지 않니?"

지귀복 : "예, 주님. 감사해요."

예수님 : "나는 너를 누구보다 잘 안다. 그런 나에게 무엇을 속일

수 있겠니? 이제는 좀 더 당당하고 자신감 있고 멋진 삶을 살거라. 내가 도와줄 것이야. 나의 일을 할 때 너는 가장 기쁘지 않니?"

지귀복 : "예, 주님."

예수님 : "이 책도 내가 만들어 주었고, 너를 치료해 주었고, 천국도 보여주었지 않니? 이제는 모든 삶도 안정이 되어가고 있고, 너의 마음의 신앙도 깊어 가고 있구나. 정말 나를 경외하는 믿음으로 복음적인 실천으로 방법을 각각 다르나, 모든 이들이 같은 방향을 바라보고 가고 있단다. 나는 너에게 한없이 한없이 이야기하고 싶으나, 네가 준비가 되지 않았기에 기다렸다. 하지만 이제 네가 참 믿음의 군사가 되기를 결심함으로 내가 너에게 길을 열었다. 내 말을 듣고 받고 기록해서 내가 원하는 뜻을 다른 이들에게 전해 주었으면 좋겠구나. 나는 지금 사랑스런 내 자녀들을 볼 때 심히 답답하단다. 무엇을 어떻게 해야 할지를 모르는 나의 자녀들을 볼 때 안타까움 뿐이다. 나의 사랑, 나의 피 값으로 산 내 백성들이거늘 그 누가 깨워줄 것인가? 심히 나의 마음은 아프단다. 무엇이 참이고 거짓인지 분별할 줄 모르는 내 백성이 바라보는 세상은 오늘도 너희들을 혼란스럽게 하는구나. 믿음을 가져야 되는데, 어느 때까지 기다릴 수가 없기에, 어느 때까지만을 기다릴 수가 없기에 나는 군사를 통해서 깨우기를 원한다. 이 시대에 사명의

길을 따라가는 나의 군사들아, 힘과 용기를 내서 앞으로 나 예수의 피 값으로 산 내 백성들과 함께 오라. 믿음의 방패로 적군과 맞서 싸워서 승리의 개가를 부르는 그 날까지 내가 너희를 도울것이다."

지귀복 : "아멘."

주님을 따라간 지옥

성령의 기름 부음을 받고, 주님은 나를 부르십니다. 어느 산을 향해 올라가시는 주님을 따라가고 있습니다. 어느덧 커다란 동굴에 형체가 나타나고, 그곳은 유황불이 활활 타고 있고, 커다란 마귀는 채찍을 들고 주위를 뱅뱅 돌면서 그 불 속에 있는 사람을 채찍으로 때리기 시작합니다. 이곳은 음행한 자들이 받는 형벌입니다. 남자와 여자가 옷을 입지 않은 채 붙어서 불에 타고 있습니다. 떨어지면 마귀가 채찍으로 몸을 때릴 때 살점이 떨어집니다. 그러면 다시 남자와 여자가 도로 붙습니다. 이루 말할 수 없는 고통을 받고 있는 수많은 사람들. 순간의 육체의 쾌락에 빠져서 회개가 안 된 영혼. (우리는 회개해야 하고 - 내 남편, 내 아내를 뜨겁게 사랑하지 않은 것) 주님은 책망하십니다. 처참한 고통 속에 영원히 그렇게 형벌을 받는다는 것입니다. 또한 커다란 동굴 안에 구렁이가 너무나 많습니다. 그곳에 사람이 있는데, 수많은 구렁이가 몸에 구멍이 난 곳은 다 들어갔다, 나갔다 하면서 괴롭게 하고 있었습니다.

　예수님은 말씀하십니다.
"순간의 육신의 쾌락 때문에 영원토록 형벌 속에 갇혔다."고.

　사람들이 검은 진흙을 뒤집어 쓰고 있고 진흙은 끓기 시작합니다. 숨도 쉬기가 힘들 정도로 구렁이가 몸을 칭칭 감고 있습니다. 움직이면 더 조여오고 또 움직이면 용머리 같은 입에서 불이 나옵니다. 또 겨우 빠져나오면 그 긴 꼬리로 다시 잡아와서 쪼입니다. 위에서 뜨거운 빛이 쬐입니다. 이 사람들은 이 사람 저 사람 음행한 자들이 가는 곳입니다.
　높은 산꼭대기에 화산과 같은 불이 솟구쳐 올라오는 구덩이에다 온 산에는 사람들이 소리를 지르면서 마귀에게 잡히지 않으려고 도망을 다닙니다. 어쩌다 잡히면 여지없이 그 불꽃이 튀어 오르는 구덩이에 집어 넣어버립니다. 사람을 산속에 나무에다 거꾸로 매달아 놓고 장어 껍질 벗긴 것처럼 껍질을 벗깁니다. 이곳은 예수님을 믿고 교회는 다니나 구원에 확신이 없는 자, 예수님의 보혈이 없는 자가 방황하다 마귀에게 잡혀서 지옥으로 들어가고 있다는 것입니다.
　끊임없이 위에서는 사람들이 지옥으로 떨어져서 산에서 마귀에게 잡히지 않으려고 몰려다니지만, 마귀는 한 사람씩 지옥의 형틀에 묶습니다. 영원토록 이 고통을 받는다는 것이지요.

예수님은 말씀하십니다.

"너는 간증할 때 이것을 전하거라. 죄를 범한 자들이여, 지금 회개하고 지금 예수 그리스도의 보혈의 피로 너의 죄를 깨끗이 씻으라고 전하라. 너무나도 무섭고 끔찍한 지옥의 형벌대 위에 서지 말고 지금 회개하여라. 너무나 애타게 말씀하시는 주님의 그 목소리를 외면한다면 영원토록 다시는 기회가 없다는 것을 정녕 너는 알려라."

지옥의 터널을 지나

성령의 기름부음이 임하였습니다.

나의 영은 어디론가 가고 있습니다. 시골길 같은 산기슭을 지나서 연기가 피어오르는 곳을 향해 가고 있었습니다. 도착한 곳은 지옥의 터널이었습니다. 그곳에는 새까만 마귀가 입구에 있고, 터널에서 연기가 나옵니다. 계속 연기가 나는 쪽을 보고 있으니 마귀가 나의 목을 잡더니 그 터널에 집어 넣을려고 하자, 주님의 보혈의 피가 나의 머릿속으로 들어옵니다. 갑자기 주님께서 빛으로 내 몸속에 임하셨습니다. 그래서 나는 그 터널 안을 보게 되었습니다. 그곳은 수많은 사람들이 놀라는 표정 그대로 경직되서 자기의 죄의 벌대로 들어가는 대기소입니다. 그곳에서도 공포에 떨고 있는데, 정말 불속에 들어가면 얼마나 더 고통스럽겠습니까? 수많은 주님의 백성들이 지옥을 향해 떨어지고 있다는 것입니다.

예수님은 말씀하십니다.
"나의 백성들이 예수님을 어정쩡하게 믿기에 결국은 이 고통에 동굴로 들어오고 있다." 고 하십니다.

자살한 자가 가는 지옥

주님은 갑자기 내 손을 잡으시고 생명수 강과 황금 다리를 건너서 어딘가로 가는 것이었습니다. 갑자기 나는 좀 무서운 느낌이 들었습니다.

주님은 나를 데리고 다리 끝에서 앞을 바라보라고 말씀하셨습니다. 눈 앞에 펼쳐진 것은 끝도 없는 검은 빛깔에 커다랗고 깊은 모양의 웅덩이 같은 공간이 눈에 들어왔습니다. 그리고는 그곳에서 불이 금을 녹일 때 나오는 색깔처럼 시뻘겋게 타오르고 있었고, 그 불꽃 속에서 저는 어떤 낯익은 음성을 듣게 되었습니다. 사람의 형체는 알아볼 수 없었지만, 음성은 정확하게 이 땅에 있을 때나 그곳에서 말하는 것이 똑같았습니다. 그분은 바로 제 육신의 아버지였습니다.

이 땅에 계실 때 우상숭배하다 주님을 영접했지만, 육신의 질병으로 인해서 너무나 힘든 삶을 사시다가 약을 잡수시고 자살을 하셨습니다. 그 불꽃 속에서 음성이 들려옵니다.

"내가 이럴 줄 알았으면 자살을 하지 않았을 것인데. 이렇게 뜨겁고 고통스러운 곳에 올 줄 알았다면, 내가 주님을 좀 더 잘 믿었을 것을." 하며 후회하는 그 음성을 듣자 나는 마음이 너무나 무겁고 침통하고 슬펐습니다.

또다시 음성이 들려왔습니다.

"나를 이곳에서 꺼내줄 자는 아무도 없단다. 너무나 후회스럽구나. 너무나 원통하구나. 주님을 좀 더 잘 믿을 것을" 하고 후회하는 소리를 들었습니다. 나는 황금 다리에 앉아서 통곡했습니다. 뒤따라서 들려오는 두 명의 음성이 또 있었습니다.

나는 열심히 복음을 증거했고, 교회를 나가시게 됐지만, 믿음의 확신이 없었습니다. 또한 우상숭배한 죄를 회개하지 못하셨습니다. 그래서 결국 우상숭배와 자살이라는 죄를 범하게 되었습니다. 주님은 우상숭배자가 어떻게 고통받는지를 책에 기록하라고 보여주셨다고 말씀하십니다.

"귀복아, 나는 너를 너무너무 사랑한단다. 그러나 너의 아버지의 일은 참으로 안타깝구나. 그도 나를 알려고 했으나, 신앙의 확신이 없어서 똑바로 회개하지 않았기에 결국 지옥에 간 것이다. 많은 사람들이 나를 머리고, 생각으로만 알고 그것으로 만족하려는 사람들이 많단다. 그러나 좀 더 나에게 가까이 와야 할 것인데, 그것을 하지 못한 백성이 많이 있단다."

아프리카의 어린 영혼들이 가 있는 지옥

검은 산. 나무 한 그루가 살아 있지 않은 산. 끝도 없는 황폐한 들판. 뜨겁고 메마른 곳, 물이 없는 곳. 앉을 수 있는 바위가 곳곳에 있습니다.

땅속에서는 뜨거운 열기가 올라오는 들판에 모든 것이 다 말라버린 모습으로 지쳐버린 어린 아이들. 이들은 아프리카의 아이들이었습니다. 복음을 받지 못한 아이들이 죽어서는 이곳으로 온다는 것입니다.

이것을 보여준 것은 주님께서 "지금은 너희가 나눌 때."라고, "선교할 때."라고. "좀 더 절제하고 검소한 삶을 살라. 영혼을 위해서 선교할 때."라고. 선교의 기름부음을 받아야 합니다.

나는 너를 훈련하고 있다

예수님 : "너는 나의 명령만 받들거라. 앞으로는 내가 시키고 행하라고 한 것은 혼자서도 해야 하느니라. 그것이 훈련이고 내가 시킨 대로 바로 행할 수가 있다. 같은 생각을 해서는 안 되느니라. 영혼을 사랑하는 마음과 영혼을 불쌍히 여기는 마음, 영혼을 깨우는 마음, 값 없이 베푸는 사랑과 그 크신 주님의 은혜를 널리 증거하는 삶은, 오직 영혼을 사랑하고 기쁨으로 행할 때 되느니라. 너의 모습을 내가 보고 있느니라. 마음에서 괴로운 것은 나의 뜻을 바로 행할 수 없기 때문이고, 인간이 개입해서 우지좌지 하기 때문이다. 너의 그 모습 속에서 나의 뜻과 섭리를 보았노라. 악한 마귀, 거짓된 사탄은 끊임없이 이러한 것을 통해서 너를 실족케 하려고 방해하고 있다. 오늘은 말씀과 기도로 영적인 힘을 채우거라."

지귀복 : "예, 주님."

예수님 : "그 누구보다도 나는 네가 소중하단다. 다른 것으로 인해 너의 심기가, 너의 기도의 통로가 이상이 온다면, 나는 그 모든 것을 다 버리기를 원한다."

지귀복 : "성령님, 도와주세요. 인도해주세요. 나약한 이 어리석은 죄인을 주님 불쌍히 여겨 주세요. 나의 영혼을 맑게 하시고, 이 아침에도 밝게 하여 주소서. 어둠의 영들이 떠나가게 하소서. 보혈의 피. 보혈의 피."

예수님 : "사랑하는 내 딸, 귀복아."

지귀복 : "예, 주님."

예수님 : "너의 생각이, 너의 발상이 참 좋으니라. 나는 너에게 많은 것을 부어주기를 원한다. 왜냐하면 너는 나누는 은사가 있기 때문이다. 항상 나눌 수 있는 자는 복이 있는 자란다."

지귀복 : "주님. 감사 드립니다. 저의 기도 제목이 있습니다. 치아를 하기 원합니다. 주님이 도와주소서. 행복치과가 있습니다. 그곳에서 치아를 했으면 합니다. 주님. 할 수 있게 해주세요."

주님이 바라보시는 종에게

"사랑하는 나의 종아, 나는 네가 귀중하단다. 너에게 맡겨준 양 떼가 있지 않니? 또한 사랑하는 너의 자녀가 있고, 아내가 있지 않니?

그래서 너는 몸을 보살펴야 하느니라. 나는 매우 안타까워 했었노라. 너의 그 질주하는 성격과 오직 나를 향해 달려가는 연약한 너의 육체에 쉼과 평강을 주기 원하노라. 이제는 평안을 얻고 살았으면 좋겠구나.

사랑하고 귀한 나의 종아, 세상은 그리 만만치 않단다. 다 너의 마음 같지도 않고, 힘이 없고 지쳐있는 너의 모습 속에 나는 너를 위해서 평강과 치료를 주기 원하노라."

주님은 말씀하십니다.
"주 예수의 이름으로 치료함이 임할지어다. 주 예수의 이름으로 영혼을 소생케 하는 빛이 임할지어다. 주 예수의 이름으로 새로운 비전이 임할지어다. 주 예수의 이름으로 열방을 향해 나아갈 준비를 할지어다. 주 예수의 이름으로 말씀의 은사가 충만히 임할지어다. 주 예수의 이름으로 방언의 통역의 은사가 임할지어다. 주님이 너를 축복하길 원하노라."

[마태복음 14:29-33]

29 오라 하시니 베드로가 배에서 내려 물 위로 걸어서 예수께로 가되 30 바람을 보고 무서워 빠져 가는지라 소리 질러 이르되 주여 나를 구원하소서 하니 31 예수께서즉시 손을 내밀어 그를 붙잡으시며 이르시되 믿음이 작은 자여 왜 의심하였느냐 하시고 32 배에 함께 오르매 바람이 그치는지라 33 배에 있는 사람들이 예수께 절하며 이르되 진실로 하나님의 아들이로소이다 하더라

바람을 잠잠케 하신 예수께서 말씀하시기를,

"지금은 네가 영혼의 충전과 육신의 치료를 받을 때라. 모든 것을 내려 놓고 하루 3번씩 시간을 정해서 말씀과 기도를 통해 내가 너에게 말을 할 수 있도록 다시 한 번 회개하기를 원하노라. 나의 임재가 성령으로 임하기 위해서는 회개라는 통로가 필요하고, 모든 죄를 보혈의 피로 깨끗하게 씻기우길 원하노라. 시간은 1주일. 모든 것을 뒤로 하고 성전에서 말씀과 기도로 침묵하면서, 오직 주님의 음성에 귀를 기울이고 말씀을 기다리라. 내가 네게 임할 것이고, 너의 모든 영육을 치료하기를 원하며, 새롭게 하기를 원하노라. 나를 바라는 자는 결코 힘들어 하지 않고, 나를 사모하는 자는 그 얼굴에서 나의 빛이 나타나느니라.

너는 내가 택해서 불로 세웠으니 나를 만날 그 날까지 열심히 굳세게 서서 온유함과 겸손하면서 강한 말씀의 메시지를 통해서 사람의 심령을 치료할 수 있는 새로운 영적 리더자가 될 것이고, 그러기 위해서는 너의 자신을 잘 다스려야 하지 않겠니?

그리고 말씀을 읽는 일에 게을리해서는 안 되고 사람의 생각이 들어오면 그 때부터 너의 모습은 스스로가 작아지고 인간의 육신의 짐이 되어서 너를 짓누르게 되느니라.

이 세상의 것들을 너는 너무나 잘 알고 봐 왔지만, 그것을 말씀의 지혜로 풀려고 하지는 않고. 너의 머리와 지식으로 그것을 짜 맞추지 말고, 주님께 맡기고 의지하거라. 네가 나를 의지하지 않고 나를 찾지 않는다면, 나는 너를 더 이상 개입할 수 없게 되는 것이다.

너와 나 사이에 벽이 생기면 안 되느니라. 나는 너를 부를 때 나의 생명의 빛을 너에게 비추어 주었느니라. 그러나 그 빛은 어느새 다 소멸되고 이제는 육신이 힘이 들어서 세상의 말로 하자면, 깡으로 살아가는구나. 그래, 그렇게 계속 질주를 할 것인가? 자신을 점검할 것인가?

나는 너를 사랑한단다. 너의 모든 것을 다 사랑하고, 나를 향한 너의 사랑도 내가 다 안다. 그러나 경기하는 자가 법대로 하지 아니한다면, 결코 상을 얻을 수가 없듯이 내가 준 능력 안에서 너를 돌아보면서 일을 해야 내가 기뻐하지 않겠니? 분주하고 복잡하게 영적 무질서 속에서는 성령이 역사할 수가 없느니라.

이렇게 네게 말을 많이 해 줄 수 있는 것은 너를 통해서 하고자 하는 일이 있기 때문이니라. 영적으로 부지런하고 열심을 품으며 좀더 주님께 여쭈어보는 삶이 되었으면 하고, 오늘 하루의 삶이 희망차고 기쁨과 성령이 충만해서 무엇을 하든지, 어디로 가든지 사람들이 얼굴만 보아도 그 얼굴이 해 같이 빛이 나는 영의 사람이 되었으면 하는구나. 내가 너의 수고를 결코 잊지 않을 것이고 내가 너를 만날 때 생명의 면류관을 너에게 주리라."

할렐루야!

[요한계시록 2:8-11]
8 서머나 교회의 사자에게 편지하라 처음이며 마지막이요 죽었다가 살아나신 이가 이르시되 9 내가 네 환난과 궁핍을 알거니와 실상은 네가 부요한 자니라 자칭 유대인이라 하는 자들의 비방도 알거니와 실상은 유대인이 아니요 사탄의 회당이라 10 너는 장차 받을 고난을 두려워하지 말라 볼지어다 마귀가 장차 너희 가운데에서 몇 사람을 옥에 던져 시험을 받게 하리니 너희가 십 일 동안 환난을 받으리라 네가 죽도록 충성하라 그리하면 내가 생명의 관을 네게 주리라 11 귀 있는 자는 성령이 교회들에게 하시는 말씀을 들을지어다 이기는 자는 둘째 사망의 해를 받지 아니하리라

사랑하는 종들아

주님은 말씀하십니다.

"내가 사랑하고 아끼는 나의 종들아, 너희의 깊은 곳에 신음 소리를 내가 듣고 있노라. '왜 내가 이렇게 되었을까? 무엇 때문일까?' 하고 번민하는 그 탄식 소리에 내 마음도 아프단다.

그래, 그럼 지금부터 한번 너희에 대해서 풀어볼까나? 내가 깊은 이야기는 할 수 없고 몇 가지만 너희에게 제시하겠다.

사람이란 말이다, 자기의 위치가 높아지면 주위의 시선 따위는 무시하고 지나가겠지. 너희는 나를 외면하고 지나간 세월이 너무나 많으니까. 가장 작은 자의 소리를 외면했고, 나의 진실을 짓밟았다. 나는 너희에게 많은 시간 동안 기회를 주었고 은혜도 주었으며 위로도 해 주었다. 하지만 너희의 그 고집 때문에 말을 듣지 않더구나. 세월은 흘러흘러 오늘까지 왔느니라. 너무나도 헛된 시간들이 흘러 가버린 것은 마귀가 너희의 눈을 가리었기 때문이다.

너희는 진정 나를 안다고 하지만 사실은 알지 못한 자이니라. 나를 모르는데 어디를 향해 달려가겠느냐? 나의 복음을 모르면서 많은 양 떼를 향해 달려가겠느냐? 나의 복음을 모르면서 많은 양 떼를 거닐면서 지금까지 내 말을 가지고 전한 복음이 과연 진리일까? 하고 의문이라고 가져 보았을까? 생명의 씨가 어디서 싹이 나서 잎이 나는지 아느냐? 자연의 이치는 잘 알겠지.

내가 전하고자 하는 진리의 말씀은 가장 낮은 곳에서부터 그 싹이 터진다는 것을 너희는 알까? 나는 알파요 오메가요, 처음과 끝이라. 나의 말을 듣고 행하는 자가 나의 자녀요, 친구라. 내 말을 듣지 않는 자라면 절도요, 강도요, 불법을 행하는 자가 아닐까? 쉴새 없이 너희의 곁에 다가오는 많은 이리떼들이 이제 다 사라지겠지.

하지만 너희의 그 마음속에 조금이라도 육신의 욕망이 꿈틀댄다면 그들은 다시 너희를 향해 달려오겠지. 너희는 내가 하는 말을 알아듣기를 하는지 모르겠구나. 너무나 오랜 세월 쩔어서 뭐가 뭔지 분별도 안 되고, 허탄한 인생을 살아버렸다. 과연 주님의 뜻이 무엇일까 깨달았으면 좋겠구나. 그로 말미암아 너희의 영혼이 자유케 되었으면 좋겠구나. 정녕 돌이키지 않는다면 너희는 탄식의 동굴의 가장 뜨거운 불꽃으로 들어가게 될 것이야.

마지막 너희에게 기회를 주고 있으니 주님의 말씀을 경히 여기지 말고 순종하길 바란다. 인간의 모든 짐을 내려놓고 오직 주님 한 분만 바라보고 시작하거라. 그래도 나는 너희를 사랑하기에 다시 한번 기회를 주기를 위해서 너희의 가는 길을 모두 멈추었다. 나의 이런 마음을 헤아려 주렴. 많은 사람이 저 지옥을 향해서 떨어지고 있지만, 무엇이 그렇게 했는지를 모르는구나. 그들은 자기 나름대로 예수님과 함께 산다고들 하지만, 나는 그곳에 없단다. 너희가 드리는 예배, 너희가 하는 일, 너희끼리 하고 있는 일 있지? 나는 그곳에 없단다. 나를 바로 알았으면 좋겠구나.

사랑하는 나의 종들아, 나는 너희를 정말 사랑한다. 왜 내가 너희를 택해서 지금까지 너희를 지켜본 것은, 나의 생명을 주기 위함이라. 그러나 너희는 더욱 인간의 욕망이 가득 차 거침없이 질주하는 너희의 모습을 보고 나는 슬펐단다. 내가 사랑하고 아끼는 종들인데, 나를 실망시키는 그 모습을 보고, 나는 너희를 그대로 놔둘 수가 없었다.

나의 사랑, 나의 귀한 종들아, 힘을 내고 용기를 내서 나와 함께 다시 한번 새롭게 일해 보지 않겠니? 너희의 마음속에 아멘으로 받아들인다면 좋겠구나. 다시 한번 너희에게 부탁한다. 이제는 나의 참된 복음을 전해다오. 생명의 진리의 복음을 전해다오. 아무것도 섞이지 않은 진리를, 참된 복음을. 참된 복음 예수 그리스도의 말씀을 전하길 바란다."

아멘.

주님의 통치 아래 "예"라고 대답하시나요?

여러분, 천국은 너무나도 아름답습니다. 주님은 우리를 맞을 준비를 다하고 계십니다. 과연 우리는 주님 맞을 준비를 하고 있나요? 천국에는 수많은 천사들이 이곳 지상에서 믿음을 가진 성도들이 주님의 영광을 위해서 일할 때, 함께 천사들도 천국에서 일을 하고 있습니다.

우리의 일은 오직 믿음으로 행할 때만 이루어집니다. 무엇을 하든지 믿음으로 하십시오. 주님은 천국과 지상을 오가시면서 모든 것을 통치하고 계시고, 그 통치 아래 모든 천사들은 주님의 명령에 "예"만 있습니다. 우리는 주님의 통치 아래에 "예"라고 대답하시나요? 오늘도 주님은 우리 가운데에 성령을 통해서 일하고 계십니다.

주님은 말씀하십니다.
"내가 가리니. 내가 곧 가리니."

때가 가까웠다고 하시고 영적 잠에서 깨어서 주님의 보혈의 피로 자기의 죄를 깨끗이 씻어 정결한 신부가 되어 있으라고 하십니다.

여러분, 우리는 주님을 기다리는 신부입니다. 오랜 세월, 많은 사람들이 주님을 기다리며 고대했던 그 주님, 십자가 위에서 물과 피를 우리를 위해 쏟으시고 3일 만에 부활하셔서 하나님 우편에 계신 그 주님이 만왕의 왕이시오, 만주의 주가 되셔서 우리를 데리러 오신다고 말씀하십니다. 우리의 더러운 죄악을 그 보혈의 피로 씻겨주신 그 주님은, 우리를 얼마나 사랑하시는지 모릅니다. 그 크신 주님께서 오늘도 이 작은 아이와 같은 우리에게까지 한 사람 한 사람 주님의 생명을 주시려고 영원히 목마르지 않는 생명수의 강물을 우리에게 부어주고 계십니다.

이제는 나의 모든 것, 즐기고 내가 행하던 일, 내가 바라던 것들이 나의 중심이 아니라 주님 중심의 신앙으로 전환되어서 나를 기다리시는 그 주님 앞에 겸손히 무릎을 꿇어야 될 시간이 왔습니다. 우리는 고백해야 합니다. 나를 위한 삶에서 주님을 위한 삶으로, 나를 위한 목적에서 주님을 위한 영광을 위해서 사는 목적으로 바꿔져야만 합니다.

사랑하는 주님의 신부들이여. 여러분, 우리는 이제 정신을 차릴 때가 되었습니다. 잠에서 깨어날 때가 되었습니다. 마귀는 우리를 영적인 잠을 자게 합니다. 안일함과 나태함을 줍니다. 지금 주님께 고백해야 하고 지금 주님께 죄를 회개해야 하는데, 회개하는 것을 어렵게, 회개하지 못하게 해서 지옥으로 끌고 가려 우리를 속이고 있습니다.

여러분, 속지 마세요. 마귀에게. 우리는 주님의 보혈의 피를 의지해야 합니다. 그 피가 없이는 이 세상에서 살아갈 힘도, 능력도 얻지 못합니다. 하나님의 말씀을 통해서만이 얻을 수 있습니다. 오늘날 우리는 말씀을 가슴에 새겨야 할 때가 왔습니다. 말씀은 풍성하게 흐르고 있고, 넘치고 있으나, 정작 내 영혼에 기갈이 아닌 기갈이 왔다는 것이죠.

[히브리서 4:12]
하나님의 말씀은 살아 있고 활력이 있어 좌우에 날선 어떤 검보다도 예리하여 혼과 영과 및 관절과 골수를 찔러 쪼개기까지 하며 또 마음의 생각과 뜻을 판단하나니

말씀의 검.

이 시대에 우리는 무장해 줄 수 있는 강한 무기가 있다면, 그것은 곧 하나님의 말씀인 것입니다. 세상 소리를 듣는 시간에 우리는 말씀을 들어야 합니다. 이 시대에 삼중 타락이 있다면, 스크린 바보통, 스포츠. 하나님보다 더 사랑하게 된 스피드, 빨리빨리 분주한 삶. 하나님 앞에 예배드리는 시간보다 더 중요한 것은 없습니다. 이 땅에서부터 예배는 이루어져야 되고, 나의 심령 속에 이미 천국이 이루어져야 합니다. 예배를 소홀히 하는 자는 결코 천국에 이를 수가 없습니다. 그곳은 온통 예배의 모습인 것입니다. 오직 하나님의 영광만이 가득하기 때문입니다.

병은 스트레스라는 통로를 통해서 병이 찾아옵니다. 조급함과 성냄. 하나님의 의를 이루지 못하게 되는 거죠. 이런 것들로 인해 병들이 발생하게 되고, 우리 몸 안에서 그러한 일을 마귀가 하는 것입니다. 이기는 방법은 말씀과 찬양과 기도입니다. 성령은 의와 평강과 희락입니다.

지옥은 어떤 사람이 가는가요? 회개가 되지 않은 사람이 가는 곳입니다. 교회는 열심히 다녔지만, 회개가 되지 않은 사람, 주님은 우리에게 많은 시간을 주었지만, 회개하지 않고 자기 마음대로 사는 사람, 말씀대로 살지 않고 세상적으로 사는 사람, 불순종하고 불평하는 사람, 이 부정적인 것들은 다 지옥에 있습니다. 후회와 낙심과 통곡과 비통함을 뿜어내는 곳은 바로 지옥입니다. 우리는 이 땅에서부터 나의 입술과 나의 삶, 나의 마음에 이미 천국이 임하는 삶으로 긍정적이고 적극적이고 창조적인 삶으로 바꿔야 합니다. 주님의 뜻인 줄 믿습니다.

"나의 아버지시여, 아버지시여 감사하나이다. 이 땅에 주님을 보내주셔서 나를 살리신 나의 하나님 아버지시여, 영광을 받으시옵소서."

성부 하나님께서 말씀하십니다.
하나님 : "천사들은 들으라. 일을 앞당기거라. 나의 백성이 나를 전하기 부족하지 않게 길을 예비하라. 그가 무엇 때문

에 어려운 곤경에 처해 있느냐? 너희는 그를 도우라. 세상에 가서 그가 가는 길을 평탄케 하고, 모든 문제를 해결하고, 가는 길을 열어라. 그로 말미암아 나의 백성에게 예수의 피를 외칠 수 있게 빨리 길을 열거라. 속히 시행할찌어다."

지귀복 : "아멘. 나의 아버지, 나의 하나님. 존귀와 영광과 경배를 받으시옵소서. 오직 예수, 오직 예수의 피를 외치는 자가 되겠나이다."

성부 하나님 말씀하십니다,

하나님 : "나는 반석을 갈랐고, 십계명을 판에 새겼으며, 물로 포도주로 만든, 죽은 자를 살리시는 전능하신 하나님이니라. 나는 그니, 나는 태초니라. 너는 그 하나님만 바라볼지어다."

지귀복 : "아멘."

하나님 : "너의 영혼의 문을 여노라. 새롭게 되거라. 영혼의 힘과 능력과 지혜와 총명과 계시의 정신이 충만할지어다. 사랑하는 나의 딸아, 내가 너를 사랑한다."

지귀복 : "성령님. 항상 나를 이끄시고, 위로하시고 깨닫게 하셔서 기도할 수 있게 하시니 감사 드립니다."

하나님 : "그래. 모든 것은 주님께 맡기거라. 주님이 너를 도와줄 것이다."

주님은 먼저 말씀하십니다. 우주 만물을 창조하신 그 하나님께서는 이 작은 자에게까지 관심과 사랑으로 간섭하셔서 그분이 원하시는 그릇이 되기 위해서 고치시고 다듬으시고 그분이 원하시는 도구로 만들려고 만들고 있으시다는 것입니다.

지금 우리는 연단 중에 계신가요? 지금 우리는 축복 가운데 계신가요? 지금도 우리는 그분 앞에 만들어져 가고 있고, 하나님 아버지의 영광을 위해서 쓰임 받는 도구로 만들고 계십니다. 우리가 이 땅에서 살아가는 날 동안 무엇을 하든지 어떠한 곳에 있든지 오직 아버지의 영광을 위해서만이 존재해야 한다는 것입니다. 그분은 오늘도 나의 삶에 임하시고, 온전히 순종하기를 원하십니다.

여러분, 이제 준비되셨나요? 우리는 준비할 필요가 없습니다. 모든 것은 주님이 다 알아서 이끌어 가십니다. 다만, 우리는 그분께 맡기고 순종함으로 따라가면 됩니다. "아멘." 이신 줄 믿습니다.

내가 순종하면 교회가 평안입니다. 내가 순종하면 가정이 평안입니다. 가정에서 남편의 큰소리 나는 그곳에 하나님은 NO! 아내의 큰소리에 하나님은 NO! 자녀의 불순종에 NO! 어찌 그 가정이 천국이 이루어지겠는가? 그렇다고 해서 어느 한 사람이 어려운 곤경에 처해진다면, 그 가정이 흔들린 것처럼 그것을 그대로 교회로 가져온다면, 믿음 생활 바로 하지 않는다고 질책하면 시끄럽고 여러 가지 일들이 발생하게 될 때, 잘 자란 가지가 피해를 입게 되기에 다만 기도하고 기다리는 인내가 필요하다고 주님은 말씀하십니다, 가정이나 교회나 좀 더 나 자신이 받은바 은사대로 좀 더 수고하고 희생할 수 있는 믿음을 주님은 원하십니다.

방황하지 말고 주님 안에 거하라.

예수님 : "너는 성령의 힘으로 살아가고 있다. 육의 힘이 약할 때 성령의 힘을 채워야 하느니라. 오늘 밤에 성령의 기름 부음이 있을 것이다."

지귀복 : "주님 감사드립니다. 나는 주님을 너무나 사랑합니다. 주님을 경배합니다."

예수님 : "나도 너를 사랑하느니라. 보혈의 피. 보혈의 피."

지귀복 : "나를 지켜주소서. 주님의 순결한 신부가 되게 하소서. 내게 가장 소중한 사람들로 하여금 죄를 범치 않도록 천군 천사로 옹위하여 주시고, 주님이여 나를 지켜주소서. 죄를 범치 않도록 지켜주소서."

예수님 : "너의 생애가 끝날 때까지 내가 너를 지켜줄 것이다. 나의 순결한 신부야."

지귀복 : "주님이 주신 그 순결을 간직하고, 주님 앞에 설 때까지

나를 지켜주소서. 그 어떤 문제 앞에도 믿음이 흔들리지 않도록 지켜주소서."

예수님 : "빨리 준비를 해야 하는데 약속대로 지켜지지 않는 것은 탐식으로 인한 육신의 피곤함이 아니냐? 그로 인해 기도를 게을리하고, 말씀에 집중하지 않음으로, 모든 것이 힘이들어 지는 것이다. 성령의 기름부음을 받으라. 내가 너를 강하게 붙잡고 있는데, 무엇이 그리도 두렵느냐? 무엇이 그리도 무섭느냐? 마음을 강하게 하고 또한 담대히 하라. 성령의 충만해서 너를 보는 이들에게 힘을 줘야 할 네가 이렇게 나약해서 무엇을 하겠느냐?"

지귀복 : "주님, 용서해 주세요."

예수님 : "은혜가 없으면 짜증이 나고, 불편하고, 불평하고, 모든 것이 귀찮게 생각이 드는 것이다. 내가 너에게 빛을 비추어 주지 않으면, 아무것도 할 수 없느니라. 영적인 기도를 해야 하는데, 육의 소리가 난다."

회개하는 심령 위에

[누가복음 8:12-15]
11 이 비유는 이러하니라 씨는 하나님의 말씀이요 12 길 가에 있다는 것
은 말씀을 들은 자니 이에 마귀가 와서 그들로 믿어 구원을 얻지 못하게
하려고 말씀을 그 마음에서 빼앗는 것이요 13 바위 위에 있다는 것은
말씀을 들을 때에 기쁨으로 받으나 뿌리가 없어 잠깐 믿다가 시험을
받을 때에 배반하는 자요 14 가시떨기에 떨어졌다는 것은 말씀을 들
은 자니 지내는 중 이생의 염려와 재리와 일락에 기운이 막혀 온전히 결
실치 못하는 자요 15 좋은 땅에 있다는 것은 착하고 좋은 마음으로 말
씀을 듣고 지키어 인내로 결실하는 자니라

반드시 회개를 통해서 성령으로 임재하심.
회개하지 않고는, 성령이 임할 수가 없다는 것입니다. 회개할 때
믿음도 생기고, 지혜도 생기고.

봄비가 내리고 마른 땅이 물에 적시면, 들에 풀들이 파랗게 올라
옵니다. 그것이 안 죽은 것이지요.
죄가 언제든지 여건만 되면 나온다는 것입니다.

성령이 임하면 죄를 이길 수 있고, 세상을 이길 수 있고, 나 자

신을 이길 수가 있습니다. 자기 자신을 볼 수 있는 눈이 열리게 되는 것이지요.

영적인 기도가 있고, 인간의 인위적인 기도가 있죠. 영적인 기도는 성령의 이끌림을 받습니다. 하는 기도는 인간의 생각과 어리석음만 나타낼 뿐입니다. 성령으로 말미암지 않고는 한순간도 살아갈 수 없는 인생임을 고백해야 됩니다.

마음의 평강이 있을지어다

[누가복음 21:8-38]
8 이르시되 미혹을 받지 않도록 주의하라 많은 사람이 내 이름으로 와서 이르되 내가 그라 하며 때가 가까이 왔다 하겠으나 그들을 따르지 말라 9 난리와 소요의 소문을 들을 때에 두려워하지 말라 이 일이 먼저 있어야 하되 끝은 곧 되지 아니하리라 10 또 이르시되 민족이 민족을, 나라가 나라를 대적하여 일어나겠고 11 곳곳에 큰 지진과 기근과 전염병이 있겠고 또 무서운 일과 하늘로부터 큰 징조들이 있으리라 12 이 모든 일 전에 내 이름으로 말미암아 너희에게 손을 대어 박해하며 회당과 옥에 넘겨 주며 임금들과 집권자들 앞에 끌어 가려니와 13 이 일이 도리어 너희에게 증거가 되리라 14 그러므로 너희는 변명할 것을 미리 궁리하지 않도록 명심하

라 15 내가 너희의 모든 대적이 능히 대항하거나 변박할 수 없는 구변과 지혜를 너희에게 주리라 16 심지어 부모와 형제와 친척과 벗이 너희를 넘겨 주어 너희 중의 몇을 죽이게 하겠고 17 또 너희가 내 이름으로 말미암아 모든 사람에게 미움을 받을 것이나 18 너희 머리털 하나도 상하지 아니하리라 19 너희의 인내로 너희 영혼을 얻으리라 20 너희가 예루살렘이 군대들에게 에워싸이는 것을 보거든 그 멸망이 가까운 줄을 알라 21 그 때에 유대에 있는 자들은 산으로 도망갈 것이며 성내에 있는 자들은 나갈 것이며 촌에 있는 자들은 그리로 들어가지 말지어다 22 이 날들은 기록된 모든 것을 이루는 징벌의 날이니라 23 그 날에는 아이 밴 자들과 젖먹이는 자들에게 화가 있으리니 이는 땅에 큰 환난과 이 백성에게 진노가 있겠음이로다 24 그들이 칼날에 죽임을 당하며 모든 이방에 사로잡혀 가겠고 예루살렘은 이방인의 때가 차기까지 이방인들에게 밟히리라 25 일월 성신에는 징조가 있겠고 땅에서는 민족들이 바다와 파도의 성난 소리로 인하여 혼란한 중에 곤고하리라 26 사람들이 세상에 임할 일을 생각하고 무서워하므로 기절하리니 이는 하늘의 권능들이 흔들리겠음이라 27 그 때에 사람들이 인자가 구름을 타고 능력과 큰 영광으로 오는 것을 보리라 28 이런 일이 되기를 시작하거든 일어나 머리를 들라 너희 속량이 가까웠느니라 하시더라 29 이에 비유로 이르시되 무화과나무와 모든 나무를 보라 30 싹이 나면 너희가 보고 여름이 가까운 줄을 자연히 아나니 31 이와 같이 너희가 이런 일이 일어나는 것을 보거든 하나님의 나라가 가까이 온 줄을 알라 32 내가 진실로 너희에게 말하노니 이 세대가 지나가기 전에 모든 일이 다 이루어지리라 33 천지는 없어지겠으나 내 말은 없어지지 아니하리라 34 너희는 스스로 조심하라 그렇지 않으면 방탕함과 술취함과 생활의 염려로 마음이 둔하여지고 뜻밖에 그 날이 덫과 같이 너희에게 임하리라 35 이 날은 온 지구상에 거하는 모든 사람에게 임

하리라 36 이러므로 너희는 장차 올 이 모든 일을 능히 피하고 인자 앞에
서도록 항상 기도하며 깨어 있으라 하시니라 37 예수께서 낮에는 성전에
서 가르치시고 밤에는 나가 감람원이라 하는 산에서 쉬시니 38 모든 백
성이 그 말씀을 들으려고 이른 아침에 성전에 나아가더라

지귀복 : "주님. 앞으로 수백명, 수천명에게 복음을 전할 수 있는
　　　　 기회와 용기를 주소서. 그 많은 죄를 범하고도 변화되
　　　　 지 못한 삶을 살고 있는 나에게 질병을 통해서 나를 만
　　　　 나주신 주님, 나를 버리지 않으시고 희망과 용기를 주
　　　　 신 주님을 찬양합니다."

예수님 : "그래. 너의 말이 맞다. 너는 나를 위해서 살아야 하느
　　　　 니라."

지귀복 : "주님, 제가 어떻게 해야 하나요?"

예수님 : "항상 내가 말한 것을 귀를 기울이고, 내가 너에게 시
　　　　 키는 대로 순종하면 되느니라. 너의 죄는 이미 다 사해
　　　　 졌느니라. 그러나 네가 회개할수록 너에게서 능력이,
　　　　 영권이 더욱 강하게 하기 위함이다. 나는 아무 말 없
　　　　 이 있는 것이 아니고, 너를 지켜보고 있느니라. 두려워
　　　　 하지 말고, 불안해 하지도 말고, 항상 평온한 가운데행
　　　　 하거라."

지귀복 : "주님. 제가 어떻게 처신을 해야 할지요? 어떨 때는 몸
　　　　 둘 바를 모르겠나이다."

예수님 : "교회 안에서 사모라는 입장이 온유함과 예절을 갖고,

겸손하면 되느니라."

지귀복 : "주님 사랑합니다."

예수님 : "오랜만에 들어보는구나."

지귀복 : "제 속에서는 주님 항상 사랑합니다."

예수님 : "그래 내가 다 안다. 나도 너를 사랑하느니라. 하지만, 늘 고백해야 하지 않겠니? 때로는 이해 못 하는 사람도 있고, 때로는 말하는 사람도 있고 하지만, 내가 너를 향한 계획이 있기 때문에 그들과 같이 할수는 없느니라. 그 어떤 상황에서도 나를 더 사랑하시는 예수님을 바라보거라."

지귀복 : "그 어떤 상황에서도 나를 더 사랑하시는 예수님."

예수님 : "그래. 나는 너를 믿는다. 나만 바라보거라. 나만 의지하거라. 언제나 나에게만 물어보거라. 내가 말해 주는 것이 좋은 것이야."

지귀복 : "예, 주님. 주님은 너무나 사랑이 많으신 하나님이십니다. 내 모습 이대로 나를 받아주시고, 어린 아기에게 기저귀를 채워주는 엄마처럼 나를 보살펴 주시는 주님. 감사드리고, 사랑합니다. 영원히 사랑합니다. 주님. 나는 주님이 너무나 위대하십니다. 그런데 전도할 때 말을 잘 못해요. 무엇이라 할지. 주님은 너무나 위대하시고, 사랑이 많으신 하나님이라고 할까요?"

예수님 : "그래, 나는 위대하고 놀라운 하나님이다. 하나님이시니라."

지귀복 : "할렐루야!"

예수님 : "사람들은 얼마나 부지런하게 사는지 보거라. 너는 좀 부지런해야겠구나. 내가 말해주니까 좋으냐? 기쁨이 오느냐?"

지귀복 : "예, 주님."

예수님 : "그래서 너는 나를 늘 고백해야 하고, 다른생각을 버려야 하고, 나만 바라봐야 기쁨이 오느니라. 이제 답답했던 마음이, 평강이 있을지어다."

지귀복 : "아멘."

주님, 저는 주님을 믿습니다.

예수님 : "귀복아."

지귀복 : "예, 주님."

예수님 : "너는 내가 말한 것을 잘 안 믿는 것 같구나."

지귀복 : "아닙니다. 주님. '정말 그렇게 될까?' 하고 생각합니다."

예수님 : "내가 한 번 문을 열면 닫을 자가 없고, 닫으면 열 자가 없다고 말했지 않니? 너는 나를 전적으로 믿고 순종해야 하느니라."

지귀복 : "주님, 감사 드립니다. 나 같은 죄인을 살리신 주님. 영
　　　　 광을 받으소서. 주님의 뜻과 계획하심이 이루어지기를
　　　　 기도드립니다. 간절히 원합니다. 믿음의 지경을 넓혀
　　　　 주옵소서.다시금 나에게 복음을 전할 수 있는 기회를
　　　　 주신 아버지, 감사와 찬양을 드립니다. 나에게 힘과 능
　　　　 력을 주셔서 많은 영혼들에게 예수 그리스도를 증거할
　　　　 수 있는 기회를 주신 아버지, 감사를 드립니다."

예수님 : "귀복아."
지귀복 : "예, 주님."
예수님 : "사랑하는 나의 신부야. 내가 너를 사랑한다."
지귀복 : "보고 싶고, 그립고, 내가 사랑하고 사모하는 나의 주님,
　　　　 주님을 경배하고 사랑합니다."
예수님 : "너는 지금 너를 감추고 나타내려고 하면 안되느니라.
　　　　 입술로 말하지 말고, 오직 주님만 드러내고, 너가 하는
　　　　 것은 감추어라. 너가 하는 것을 드러내려고 하면, 아직
　　　　 은 안 되느니라. 겸손하고 침묵을 지키거라. 책이 나와
　　　　 야 만이 네가 활동할 수 있기 때문이고, 그 동안에는 여
　　　　 러 가지 준비하는 시간이니라."
지귀복 : "나의 주님, 감사를 드립니다. 고마우신 나의 주님. 감사
　　　　 와 경배를 드립니다."
예수님 : "모든 인간은 마귀의 종이었을 때 마귀가 이끄는 대로
　　　　 살아가지만, 예수를 믿고나면 성령의 인도하심 따라

사는 것이야. 너도 성령의 인도하심 따라 살고 있느니라. 그러니 이제는 나의 종이 되어서 내가 시키는 일을 하게 되는 것이란다. 알겠느냐?"

지귀복 : "예, 주님."

예수님 : "너의 지난 시간을 뒤돌아보지 말거라. 회개는 시키고 있지만, 이미 내가 다 용서를 했느니라. 더욱 더 깨끗해져서 밝게 나의 일을 할 수 있도록 하기 위함이고, 축복이 빨리 오도록 이끄는 것이란다. 알겠느냐?"

지귀복 : "예, 주님. 주님, 하지만 저는 너무나 억울하고, 너무나 비참함과 말할 수 없는 한숨 짓는 시간들을 생각합니다. '어찌해서 그토록 많은 죄를 범하고서야 주님 앞에 나올 수 있었을까?' 하고요. 후회스러움이 통곡을 합니다. 주님. "

예수님 : "마음을 비우거라. 그리하면 모든 것을 달라지게 되느니라. 빈 마음에 채울 것은 성경50장, 오직 말씀이니라."

지귀복 : "아멘."

예수님 : "이 세상에 태어나서 나의 일을 하는 것은 은혜를 많이 받은 자이니라. 나의 은혜가 항상 내리고, 항상 너를 지키는 천사가 있고, 너에게 갖가지 은사와 능력이 나타나게 될 것인데, 나의 복음의 날개를 달아줄 것인데, 무엇이 두려우냐? 강하고 담대하게 전진하거라. 예수의 피, 보혈의 피. 보혈의 나의 피를 외치라."

예수님 : "귀복아. 이 세상의 것을 취하지 말고, 내가 네게 이른 말을 잘 기억하고, 영 분별을 잘하고, 이 마지막 때에 말씀을 알아야 한다. 미혹되지 않으려면, 말씀을 많이 읽고, 묵상하라. 이것이 너의 힘이라."

말씀을 가까이 하라

[베드로전서 1:19]
오직 흠 없고 점 없는 어린 양 같은 그리스도의 보배로운 피로 된 것이니라

예수님께서 당신을 위해서 십자가에 물과 피를 쏟으시고 돌아가셨습니다. 이 크신 하나님의 사랑을 받아드리십시오.

지귀복 : "주여, 나의 눈에서 눈물이 흐르네요. 주여, 나의 간구를 들으소서. 악한 자를 물리쳐 주시고, 하나님의 영광을 가리지 않게 하소서. 주여, 나의 심사를 통촉하소서. 나의 주님, 나의 기도를 들으시고, 불쌍히 여겨 주소서. 보혈의 피. 보혈의 피."

예수님 : "사랑하는 나의 딸아, 나의 말을 똑똑히 듣거라. 내가 반드시 이 문제를 해결해 줄 것이고, 내가 말한 모든 것을 다 이루어줄 것이다. 내가 너를 향한 사랑이 얼마나 큰 줄 아느냐? 나의 사랑, 나의 신부야. 내가 너를 사랑하노라. 항상 낙심하지 말고, 열심을 품고, 아버지의 그 사랑하심 따라 예수 그리스도의 복음을 전하거라. 믿음으로 행하고 조금도 의심하지 말거라. 나는 너를 항상 불꽃 같은 눈동자처럼 지키고 있느니라. 그 누구도 두려워하지 말고, 담대하거라. 이제는 너에게서 점점 더 강한 성령의 역사가 나타날 것이다. 믿음으로 기도하고 행할때, 놀라운 일들이 이루어질 것이다. 말씀을 가까이하거라. 기도와 말씀을 가까이 하거라. 200일이 지나면 책이 완성될 것이다. 사랑하는 딸아, 괴로워하면서 회개하는 것도 보았다. 이 모든 것이 다 앞으로 나의 영광을 위해서 일하기에 부족함이 없게 하기 위함이란다. 모든 것은 믿음으로 보아라."

지귀복 : "주님, 말씀하여 주시니 감사를 드립니다. 어리석고 무지한 죄인을 불쌍히 여겨 주시니 감사를 드립니다. 십자가의 고난의 그 사랑을 널리 알릴 수 있게 하소서. 입술에 복음의 파수꾼을 세워주소서. 보혈의 피, 보혈의 피. 성령님 도와주소서. 발길 닫는 곳마다 복음의 꽃이 피어나게 하소서. 보혈의 피, 보혈의 피. 주여, 나의 주위를 다스려 주소서. 저와 저의 힘으로는 아무것도 할

수 없나이다. 이 죄인을 불쌍히 여겨 주셔서 성령의 도구가 되게 하소서. 보혈의 피, 보혈의 피."

신구약 66권 가운데 오실 예수님, 오신 예수님을 증거할 때 하나님께서 가장 초점을 맞추시는 부분은 "너희가 돌이키고 회개하라."고 말씀하셨고, 요한도, 베드로도, 예수님도 회개를 선포했습니다.

가장 핵심적인 것은 회개라는 통로를 통해서만이 우리의 죄사함이나, 성령의 임재나, 모든 것이 이루어질 수 있기 때문이죠.

내 마음의 겸손

내 마음이 겸손히 무릎을 꿇을 때 일어나는 일들,

조금이라도 마음을 높이면, 진정한 기도가 안 된다. 나의 마음이 평안할 때 더욱더 마음을 낮추는 것은 은혜의 보좌 앞으로 더욱 가까이 가기 위한 준비하는 마음일 것이다.

내가 안전하다. 평안하다 할 때에 생각지 못한 일들이 나의 영혼 속에서 만들어져 가고 있다는 것을 인식하지 못한 채, 그냥 평안하니까, 영적 나태함이 찾아오기도 한다.

주님은 우리에게 늘 깨어 기도하기를 원하시지만, 깨어 있는 것

같으나 깨어 있지 못할 때에는 나를 추스르기가 여간 힘이 들 때가 있다. 무엇이, 언제, 어떻게 해서 이렇게 되었을까를 찾는 일은 그리 쉽지가 않다. 오직 마음을 낮출 때만 가능한 것이다.

지귀복 : **"주여, 나를 도와주소서. 주님이 나를 도와주시지 않으시면, 심히도 무지하고 미련하오니, 내가 어찌해야 할 바를 알지 못하나이다. 나를 불쌍히 여겨 주소서."**

예수님 : "너의 자리를 찾으라. 지금은 네가 기도할 때이고, 겸손할 때이다. 능력을 받을 때 불필요한 것으로 성령을 소멸하지 말라. 사람을 의식하지 말고, 기도하고, 성령의 인도하심따라 살아 움직이는 기도를 하길 바란다. 입술의 습관과 같은 기도는 NO! 믿음의 말 선포, 감사의 말. 너의 영혼이 심히도 속에서 방황했음을 알고 있다. 그러나 이제는 안정을 찾고 있다. 언제 또 어떤 사람의 모습으로 올 지 모르기 때문에 경계하는 것이 좋겠다. 사단을 묶으라. 성령의 역사는 지치지 않고 기쁨이 오고, 인위적인 기도는 지치고 힘이 들고 답답하다. 인간의 만족일 뿐이다. 솔로몬과 같은 지혜를 주었고, 다윗과 같은 용맹을 주었는데, 무엇을 주저하느냐? 믿음이 있다면, 문제 될 것은 아무것도 없다. 과연 그 믿음을 소유하고 있느냐가 문제다. 입술, 생각, 마음, 오직 예수. 주님께 드리는 기도. 나를 내어 드릴 때 성령으로 채우신다."

노방 전도

"지금 너는 노방 전도를 통해서 담력을 얻고 있느니라. 기도를 통해서 강한 담력을 얻고 어떤 곳에 가서도 나의 복음을 전할 수 있게 훈련하고 있느니라.

이제 얼마 남지 않았느니라. 너의 시간의 때가 다가오고 있느니라. 나는 너를 항상 지켜보고 있고, 천군천사가 너를 항상 보호해 주고 있으며, 성령께서 밝히 깨달음으로 너를 인도하고 있느니라.

사랑하는 딸아. 나는 결코 너의 잊음이 되지 않을 것이니 두려워하지 말고 담대하게 나의 복음을 전하거라.

사랑스런 나의 신부야. 내가 너를 얼마나 사랑하는지 아느냐? 죽기까지 너를 사랑했다. 그 사랑을 항상 마음에 인 같이 새겨서 나의 명령을 준행하거라. 내가 네게 속히 임할 것이니 두려워 말고 담대하라. 어느 누구 앞에서도 말할 수 있는 지혜를 주고 있다."

예수님 : "사랑하는 딸아, 슬프냐?"
지귀복 : "예, 주님. 주님께서 아니 말씀하시면 저는 슬픕니다. 이 세상 어디에서도 주님이 말씀하지 않으시면 슬픕니다. 나의 주님, 내가 사랑하고 사모하는 나의 주님. 경배합니다. 나의 사모하는 주님. 그 누가 뭐라 해도 나의 주

님만이 나의 사모하는 대상이십니다. 저는 주님 곁에 가고 싶습니다. 하지만, 아버지께서 말씀하실 때 주님 께서 하라고 하신 것을 다하기까지 저는 힘을 내겠습니다. 주님, 나의 주님, 사랑합니다. 영원히 함께 하실 나의 주님 경배합니다."

나는 한없이 울었습니다.

예수님 : "이제 좀 속이 좀 후련하냐? 너를 향한 그 축복을 받기 위해서는 너를 이렇게 단련시키지 않을 수가 없구나. 나의 딸아, 잠시 잠깐이면 다 지나갈 것들이란다. 회개하고, 네 믿음을 단단하게 하기 위함이란다. 슬픔도, 아픔도, 괴로움도 없는 그 천국에서 나와 함께 영원히 누릴 복을 생각한다면, 이 모든 것을 넉넉히 이길 수가 있단다."

지귀복 : "주님. 그러나 이 현실은 내게는 너무나 냉혹하고 벼랑 끝으로 몰고 있나이다."

예수님 : "그 벼랑 끝에서라도 나를 붙드는 자는 안연히 살 것이다. 그것을 이기지 못한다면, 어찌 그 믿음이 온전한 믿음이겠느냐? 세상에 살아가고 있지만, 육신의 안일함 때문에 나를 찾는 것을 게을리 한다면, 과연 그 믿음이 온전한 믿음이겠느냐? 사랑하는 나의 딸아, 지금은 정말 깨어 있을 때이니라. 지혜로서 삶을 살아가야 하고,

믿음에서 벗어난 것들을 다 제거해야 할 시기이니라. 어서 빨리 전해야 한다. 나의 신부들에게 기름 준비하라고. 예수님의 신부들에게 예수님의 보혈의 옷을 입고 있으라고."

전도할 때 '예수님 믿으세요. 하나님은 당신을 사랑하십니다. 죽기까지 당신을 사랑하시고 당신의 모든 죄를 사하여 주시기를 원하고 계십니다. 지금 예수님 앞으로 나오십시오. 당신의 삶 속에 기적이 일어날 것입니다.'

[마태복음 11:28]
수고하고 무거운 짐 진 자들아 다 내게로 오라
내가 너희를 쉬게 하리라

[사도행전 16:31]
이르되 주 예수를 믿으라
그리하면 너와 네 집이 구원을 받으리라 하고

참회의 눈물을 흘릴 수 있는가

예수님 : "사랑하는 나의 신부야, 슬퍼하지 말거라. 그는 나의 종
이었고, 내가 그를 나 있는 곳에 있게 하는 것이니 잠시
잠깐이면 지나가는 나그네 인생에서 너희의 맡은 바
일을 잘 행해서 나의 영광을 나타내어라."

지귀복 : "내가 사모하는 주님, 사랑하고 경배합니다."

예수님 : "네 속에 있는 그 슬픔도, 그 한숨도 이제 다 벗어버리
거라. 독수리가 저 창공을 날아오르듯이 나의 영광을
위해서 힘차게 전진하거라. 내가 하나하나 정리를 한
다고 했지 않니? 오직 너는 입술로서 절제하고, 침묵하
라. 너는 이미 죽었어야 할 몸인데, 내가 너를 살렸느니
라. 아이들에게 밤에 가정 예배를 드릴 때 철저히 훈련
을 시켜라. 너는 너의 눈으로 똑똑히 보게 될 것이다."

지귀복 : "원수의 목전에서 상을 베풀어주신 주님, 주님을 찬양
합니다. 주님. 나의 길을 이끌어 주시는 아버지, 감사
드립니다."

예수님 : "그래. 너는 나에게 감사하지 않으면 안 되느니라. 모든
것을 다 내가 주관했으며, 너의 위급할 때마다 내가 지
켰느니라. 보혈의 피. 보혈의 피. 너무나도 가엾고 불쌍
해서 너를 긍휼히 여겼으므로, 너도 긍휼히 여기는 자

가 되어라. 내가 너에게 이 은혜를 부어 준 것은 사망에 있는 자들을 건지기 위함이라. 사망의 늪에서 헤어 나오지 못한 자들이 얼마나 많으냐? 나는 그들을 불쌍히 여기느니라. 하지만, 나의 복음을 들고 나갈 자가 그리 많지가 않단다. 실로 비통해야 할 일이 아니냐? 나는 만주의 주요, 만왕의 왕이라고 높이면서 어찌 나의 말 한 것을 행치 않는 것인지 너무 내 마음이 슬픔이로구나. 그러나 나의 작은 음성에도 반응하는 나의 사랑하는 자들이 있기에, 나는 오늘도 그들에게 기대를 거느니라. 나의 자녀야, 지금 나의 말을 듣고 가려느냐? 아멘으로 화답하는 자는 복된 자로다."

지귀복 : "아멘."

[시편 6:1-10]
1 여호와여 주의 분노로 나를 책망하지 마시오며 주의 진노로 나를 징계하지 마옵소서 2 여호와여 내가 수척하였사오니 내게 은혜를 베푸소서 여호와여 나의 뼈가 떨리오니 나를 고치소서 3 나의 영혼도 매우 떨리나이다 여호와여 어느 때까지니이까 4 여호와여 돌아와 나의 영혼을 건지시며 주의 사랑으로 나를 구원하소서 5 사망 중에서는 주를 기억하는 일이 없사오니 스올에서 주께 감사할 자 누구리이까 6 내가 탄식함으로 피곤하여 밤마다 눈물로 내 침상을 띄우며 내 요를 적시나이다 7 내 눈이 근심으로 말미암아 쇠하며 내 모든 대적으로 말미암아 어두워졌나이다 8 악을 행하는 너희는 다 나를 떠나라 여호와께서 내 울음 소리를 들으셨도다 9 여호와께서 내 간구를 들으셨음이여 여호와께서 내 기도를 받

으시리로다 10 내 모든 원수들이 부끄러움을 당하고 심히 떨이여 갑자기
부끄러워 물러가리로다

예수님 : "고난을 받았을 때 참회의 눈물을 흘릴 수있는가? 눈물
이 말라가고 있다. 오늘날 눈물의 참회가 없다. 고난 속
에서 나를 미워한 자를 꾸짖지 않고, 하나님께 기도해
라. 기도하라. 네가 겪는 시련 속에는 '나의 잘못이 들
어있다. 나의 잘못입니다.' 라고 고백해야 한다."

지귀복 : "나의 눈은 말씀을 보고, 나의 머리는 주님을 생각하고,
나의 마음은 주님을 사랑하고, 나의 입술은 복음을 증
거하는 자가 되게 하여 주옵소서. 이것이 주님과 동행
하는 삶이 되게 하소서."

예수님 : "목회자와 사모. 목회자는 가만히 있고, 사모가 다 하는
것이 있다. 그러나 목회는 목회자가 해야 되고, 직접 부
딪쳐야 되고, 말해야 되고, 가르쳐야 된다. 사모가 그
역할을 하다 보면, 점점 의존성이 강해지고, 나중에는
그 역할이 마치 자기가 안 해도 되는 것처럼 변해 버린
다. 그 결과, 여전히 목회 현장은 능력이 없고, 무능한
현실밖에 나타나지 않기 때문에 목회는 목회자가 직접
해야 한다. 그것을 할수 있게 세우는 것이 사모의 역할
이다. 그 이하도, 그 이상도 아니다. 많은 사람들이 착
각을 하고 있는 것 같다. 내가 도와서, 내가 함께 해서
이렇게 되었다고. 하지만, 작은 일부분에 지나지 않는

다. 그 뒤에 계신 주님께서 일하고 계시기 때문이다. 우리는 단지 종으로서 했을 뿐이다."

천국의 하늘을 보고 놀랐습니다

천국에 처음 가서 깜짝 놀란 것은, 천국의 하늘을 보고 놀랐습니다. 하늘의 해달이 없어도, 그렇게 빛이 강하고, 눈을 뜰 수 없을 만큼 아름답고 찬란한 그곳에서, 빛의 세계에서 내 모습은 마치 걸레 조각처럼 몸의 죄의 물체가 떨어지는 것을 보았습니다. 얼마나 추하고, 얼마나 부끄럽고, 아무리 작은 죄라도 죄 가지고는 갈 수 없고, 그곳은 오직 예수 그리스도의 보혈의 피로 죄를 씻음 받아야만 갈 수 있다는 것입니다.

저는 나름대로 회개하면서 산다고 살았습니다. 하지만, 올바르지 못한 회개는 여전히 그 죄가 그대로 있다는 것입니다. 우리는 변화되어야 합니다. 이 땅의 육신의 옷을 입고 있을 때 회개라는 시간이 주어진다는 것이지요. 죽음 뒤에는 오직 심판뿐입니다.

우리가 어떠한 마음을 갖고 신앙생활을 해야 할까요? 지금 회개하시기를 바랍니다. 미루지 마십시오. 지금 주님은 당신을 보혈의 피로 씻겨주기를 원하세요.

인간의 아집과 고집, 어리석음 때문에 교만과 자만 이 기회를 놓쳐버린 사람이 얼마나 많은지요? 우리는 지혜로운 사람이 되어서 지금 회개해야 합니다. 어떤 방법이든 지금 회개하고, 지금부터 주님께서 나를 개입할 수 있게 보혈의 피를 의지하세요. 내 마음이 환한 미소를 지을 수 있도록.

오, 나의 주님. 사랑합니다. 나의 영혼이 주를 우러러보나이다.

우리가 육신의 것으로 말미암아 눈먼 자가 되지 말고 마귀에게 속지 마세요. 좀 더 평안한 것, 좀 더 좋은 것, 좀 더 즐기는 것, 이것은 마귀의 속임수요, 믿음을 저하시키는 방법입니다. 조금 힘들어도 회개하시고, 말씀 보고, 기도하시고, 주의 일 하시고, 예배하는 습관을 가져야 합니다. 그 모습이 곧 천국에 사는 모습인 것입니다. 주님을 날마다 영접하시기를 바랍니다.

주님은 "나의 말을 듣고 행하는 자라야 나의 제자가 될 것."이라고 하십니다. 우리는 작은 것부터 시작해야 합니다. 나를 점검하는 것부터 시작해서 내 이웃을 점검해 주고, 나아가서는 세상 사람들도 점검할 수 있는 능력을 주님께로부터 받아야 합니다. 하늘나라는 말에 있지 않고, 능력에 있기 때문이지요. 나의 생명되신 주님을 찬양하고, 경배합니다. 마음이 둔해지면, 주님과 교통할 수가 없어요. 참된 회개가 없이는 주님의 임재가 임하지 않습니다.

예수님 : "이 주에는 너를 나 있는 곳으로 이끌어 줄 것이다. 기

도로 준비를 하거라.”

지귀복 : “저는 두렵습니다.”

예수님 : “처음도 아닌데, 왜 두렵냐?”

지귀복 : “주님은 너무나 위대하시고 거룩하시기에 두렵습니다. ”

예수님 : “마음을 평온케 하거라.”

지귀복 : “주님, 감사드립니다. 나 같은 죄인 살리셔서, 불쌍히 여겨 주셔서.”

예수님 : “나의 사랑, 나의 신부야. 내가 너를 얼마나 사랑하는지 아느냐? 너도 저 죽어가는 영혼을 사랑하거라. 나의 이 사랑 가지고 갈 수 있어야 한다. 나는 너를 사랑하고 지켜줄 것이다. 나는 부활이요, 생명이요. 나를 말미암지 않지 않고는, 아버지께 올 자가 없느니라. 나를 믿는 자는 죽어도 살겠고, 무릇 살아서 나를 믿는 자는 영원히 죽지 아니하리라. 네가 이것을 믿느냐?”

지귀복 : “예, 아멘. 주는 나의 주님이시오. 살아계신 하나님이십니다. 아무것도 모르는 무지한 죄인이 무엇을 할 수 있을까요?”

예수님 : “그래, 무엇을 할 수 있을까? 오직 나의 능력만 있으면 되느니라. 나를 사랑하는 그 마음이 있다면, 나는 그들에게 나의 마음을 부어주어서 일 할 수 있는 능력자로 만들 것이다. 나의 능력은 나를 사랑하는 마음에서부터 임하느니라.”

"'나의 주, 나의 하나님. 제가 무엇을 할까요? 저를 어디에 보내시겠어요? 제가 할 수 있는 일이 무엇일까요?' 하고 고백하는 자들이 나의 사랑을 입는 자들이란다.

항상 자기만 위해서 구하고 찾고 두드리다가 그것이 이루어지지 않을 때 믿음도 능력도 다 소멸되고, 이제는 인간의 어리석음만 남아가지고 불평하는 이들을 볼 때, 내 마음은 아프구나.

그가 정말 나를 진실로 사랑했더라면, 그렇게까지 되었겠느냐? 나를 사랑하기보다는 자기에게 속해 있는 것들을 더 사랑하기에 그러한 시간들이 오고 있단다.

믿음은 마치 흐르는 물과 같고, 항상 채우고 또 다른 곳에 끊임없이 나눠야만이 맑아지게 되고, 썩지 않는단다. 자기를 위해서 사는 자는 그것이 썩어서 마치 냄새가 역겹게 나도 그것을 알지 못하고, 끝없는 탐심 속에 갇혀서 결국 탄식의 동굴로 끌려가게 되는 것이지. 믿음은 온전한 마음으로 나를 진실로 사랑하는 정결함 속에서 피어나는 보석과도 같은 것이다.

사랑하는 딸아, 너는 항상 진실한 믿음을 구하거라. 너는 연어를 아느냐? 나는 그 물고기가 자기 생명을 걸고 거친 물살을 헤치고 위로 위로 올라가는 것을 보면서, 자기 속에 담고 있는 알을 낳기 위해서 자기의 생명을 아끼지 않고 사명을 다하고 죽는 그 모습을 보아라.

하물며 인간이 어찌 하나님의 사랑을 깨닫지 못하고 이땅의 것으로 만족을 누리려고 하는 것이냐? 나는 많은 시간 너희를 위해서 기도했으며, 일하고 있는데. 이 땅에 있을 때에도 쉬지 않고 복음을 전했고, 천국에서도 너희를 위해 쉬지 않고 준비하고 있는데, 너희는 그러한 것을 의식이나 하고 있는 것이냐?

나의 귀한 백성들이 조금만 눈을 떠서 나를 바라보고 정신을 차렸으면 좋겠구나. 무엇이 그리도 너희를 분주하게 하고, 무엇이 그리도 너희를 이끌고 가는 것이냐? 소망이 없는 곳에 마음 뺏기지 말고, 오직 위의 것을 찾으라. 말씀과 기도 외에는 다른 것으로는 이겨낼 힘이 없느니라.

높고 높으신 아버지 하나님의 뜻을 따라 나도 순종함으로 모든 것을 이루었는데, 너희도 마땅히 나의 제자가 되어서 순종함이 있어야 되지 않겠느냐? 네가 진정 그 마음속에 복음의 열정이 없다면, 너는 나와 함께 하지 않는다는 것을 깨닫고 회개하여서 그 열정을 찾기 바라느니라. 너는 전하거라."

[이사야 41:10]
두려워하지 말라 내가 너와 함께 함이라 놀라지 말라 나는 네 하나님이 됨이라 내가 너를 굳세게 하리라 참으로 너를 도와 주리라 참으로 나의 의로운 오른손으로 너를 붙들리라

나를 치료하신 주님

[이사야 53:5]
그가 찔림은 우리의 허물 때문이요 그가 상함은 우리의 죄악 때문이라 그가 징계를 받으므로 우리는 평화를 누리고 그가 채찍에 맞으므로 우리는 나음을 받았도다

예수님 : "나는 너를 이미 치료했느니라. 너는 열심히 기도하고 나아갈 준비를 하거라."

지귀복 : "하나님 아버지, 감사합니다. 나의 몸속의 암세포를 제거하시고, 치료하시니 감사드립니다."

예수님 : "무엇으로 너는 나를 기쁘게 할 것이냐?"

지귀복 : "주님, 제가 주님의 기쁨이 될게요. 주님 이야기할 때 기뻐하세요."

예수님 : "그래, 나의 기쁨이로구나. 나의 신부야, 너는 나의 신부로구나. 내가 네게 많은 것들을 가르쳐 준 것은, 너를 통하여 영광을 받기 위함이란다. 아버지 하나님의 그 크신 사랑을 항상 생각하고 살아가거라. 너는 나와 이렇게 이야기하는 시간이 행복하지 않니? 나는 말이다. 진실로 행복하단다. 내가 흘린 피 값으로 얻은 나의 신부이기 때문이지."

지귀복 : "주님. 저는요, 주님이 계셔서 행복합니다."

예수님 : "진실로 나로 말미암아 행복해야 하느니라. 마치 어린 아이 같은 마음이란다. 그러나 요즘은 말이다. 교회 안에도 거짓이 너무 많단다. 거짓 웃음, 거짓 예배, 거짓 봉사, 거짓 충성, 가짜로 하는 것들이 너무 많단다. 왜 그러는 줄 아느냐? 죄의 무게는 눌리고, 그것을 벗겨내기는 힘들고, 애쓰고 힘써야 하니까 편하게 하다 보니 거짓이 되는 것이지. 그 거짓의 끝은 과연 어디일까? 너는 아느냐? 뜨거운 불못이란다. 그것을 인식하는자 들이 몇이나 있을까? 자기가 잘한 것처럼, 자기가 옳은 것처럼 하고 있기 때문에 그 눈이 가려져 있느니라. 그래서 교회는 마귀를 묶어야 하고, 성령충만한 기도를 해야 하느니라. 너는 어디를 가든지 그곳에서 마귀를 묶으고, 성령 충만기도를 하거라. 너의 힘으로 하는 것이 아니고, 주님이 하시느니라."

거짓말한 죄

[시편 51:1-10]

1 하나님이여 주의 인자를 따라 내게 은혜를 베푸시며 주의 많은 긍휼을 따라 내 죄악을 지워 주소서 2 나의 죄악을 말갛게 씻으시며 나의 죄를 깨끗이 제하소서 3 무릇 나는 내 죄과를 아오니 내 죄가 항상 내 앞에 있나이다 4 내가 주께만 범죄하여 주의 목전에 악을 행하였사오니 주께서 말씀하실 때에 의로우시다 하고 주께서 심판하실 때에 순전하시다 하리이다 5 내가 죄악 중에서 출생하였음이여 어머니가 죄 중에서 나를 잉태하였나이다 6 보소서 주께서는 중심이 진실함을 원하시오니 내게 지혜를 은밀히 가르치시리이다 7 우슬초로 나를 정결하게 하소서 내가 정하리이다 나의 죄를 씻어 주소서 내가 눈보다 희리이다 8 내게 즐겁고 기쁜 소리를 들려 주시사 주께서 꺾으신 뼈들도 즐거워하게 하소서 9 주의 얼굴을 내 죄에서 돌이키시고 내 모든 죄악을 지워 주소서 10 하나님이여 내 속에 정한 마음을 창조하시고 내 안에 정직한 영을 새롭게 하소서

예수님 : "귀복아."

지귀복 : "예, 주님."

예수님 : "너는 거짓말하지 말거라. 어떠한 것도 인간의 소리를 내서는 안 된다. 주님이 계시다는 것을 인식하지 못하는 것이란다. 그러면, 내가 기뻐하지 않느니라. 정직함을 갖거라. 누구를 위해서 사느냐가 중요하니라. 주님

을 위해서 사는 것이라면, 정직해야 한다. 그로 인해 기도의 깊음이 없고, 답답함이지. 그것도 내가 성령으로 깨닫게 했으니, 다행이구나. 이제는 거짓말하지 말고, 예/아니오, 침묵을 지키고, 나에게 여쭤보라고 했지 않니? 주님은 너의 보호자가 됨이니라."

주님께서는 목사님에 대한 환상을 주셨습니다.

하늘에서 꽃줄이 몸속으로, 하늘에서 금줄이 몸속으로, 하늘에서 금마차가. 천사가 6명이.

주님은

예수님 : "나의 종아, 이제 가자꾸나. 침대 모서리마다 너의 고통이 너무 힘들어서 보고 있을 수가 없다. 너의 어머니가 계신 곳으로 가자꾸나. 그곳은 너무나 좋은 곳이다. 이곳의 일들을 다 잊고, 나와 함께 가자꾸나."

지귀복 : "예, 주님."

예수님 : "내가 그를 얼마나 사랑했는지 아느냐? 나는 그에게 정말 기대도 많이 했다. 그런데 인간의 욕심이 그를 이렇게 만들었다. 오직 말씀대로 행치 않으면, 모든 것은 탐심이 되고, 탐심은 썩는 우상숭배다. 귀복아. 사랑하는 나의 신부야. 너도 이와같은 길을 걷지 말거라. 너만은 나와 함께 끝까지 동행했으면 좋겠구나."

지귀복 : "예, 주님. 주님, 저에게 믿음을 주세요. 항상 주님의 말
씀 위에 서서 오직 주님만 의지하고 따를 수 있게 도
와주소서."

예수님 : "믿음으로 질주할 때는 좌로나 우로나 보지말고 가야
한다. 너는 나의 생명이니라. 내가 너에게 생명을 주었
다. 너는 나의 기쁨이니라. 내가 너에게 기쁨을 주었다.
너는 나의 보배이니라. 내가 너에게 말씀을 주었다. 너
는 나의 빛을 받고, 내가 너에게 빛을 비치고 있다.아무
리 수많은 시간이 흘러도, 너를 향한 나의 사랑은 변함
이 없을 것이고, 너는 내가 계속 말한 글을 쓸 것이다.
믿음으로 행하고, 조금도 의심하지 말라. 사랑하는 나
의 딸아, 사랑한다. 나는 너를 항상 지켜보고 있다. 영
육의 강건할찌어다."

지귀복 : "아멘."

예수님 : "주님의 빛으로 충만할찌어다. 주님의 사랑이 충만할찌
어다. 성령님의 교통하심이 충만할찌어다. 주님의 권
능이 충만할찌어다. 주님의 보혈의 피가 충만할찌어
다."

지귀복 : "아멘."

환상

[시편 90:10]
우리의 연수가 칠십이요 강건하면 팔십이라도 그 연수의 자랑은 수고와
슬픔뿐이요 신속히 가니 우리가 날아가나이다

육신의 호흡과 기도의 호흡.

환상을 통해서 창문에 금마차가 올라가면서 목사님의 영이 이야
기를 합니다.

"이 땅에서 삶을 살 때 좋은 것만 생각하고, 더욱 주의 말씀대로
살고, 아이들을 잘 돌보고, 믿음으로 세우고.
　나는 이제 가지만, 이곳에서 살아가는 동안 죄를 범치 말고, 잘하
라고 말하면서 이제 나는 주님께로 가네.
　사랑하네. 나는 행복했었네. 자네를 주님이 연단하셨으며, 앞으
로 주의 일을 하게 하려고 연단했었네."

그리고는 40대에 환한 미소 짓는 모습으로 가셨습니다.

나비야

나비에게 물었습니다.

"나비야, 너는 왜 날고 있니? 나는 이렇게 힘이 드는데. 너도 너의 날개에 이물질이 묻었다면, 날 수 없을 것이야. 그렇지만, 하나님께서 비를 주셔서 깨끗이 씻어 주시니 날 수 있는 것이지.

나도 주님께서 나의 몸을 어루만지시면, 벌떡 일어날 것인데. 주님은 내가 스스로 일어서기를 원하시는 것 같구나.

나비야, 훨훨 날아서 높이 높이 날아서 나의 눈이 너를 바라보고 잠시나마 이 고통을 잊게 해 주는구나."

"믿음의 눈은 환경에 두지 말고, 이루어지기를 기다리면서 하나님을 신뢰해야 한다. 이것이 믿음이란다. 말씀하신 것을 이루어주실 것을 믿고 반드시 하나님께서 이루신다는 것을 믿어야 한다. 그대로 믿고, 기도하고, 나아가야 한다. 마귀가 심은 것은 의심이고, 불신이다."

법적인 것을 하지 말거라

[창세기 15:1]
이 후에 여호와의 말씀이 환상 중에 아브람에게 임하여 이르시되 아브람
아 두려워하지 말라 나는 네 방패요 너의 지극히 큰 상급이니라

예수님 : "사랑하는 딸아, 너는 아무도 너를 도울 자가 없다고 했
지 않니? 오직 나만이 너를 도울 수 있고, 나만이 의
지해야 하고, 나만 바라보거라. 진정으로 너를 도와줄
자가 그 누가 있겠느냐? 나의 손길이 임할 때만 도움
을 받을 수 있고, 오직 주님만이 너의 방패요, 상급이
니라."

지귀복 : "주님. 저는 힘이 없어요. 나를 시비 걸지 않게 주님께
서 처리해 주세요. 지금까지 나를 집요하게 괴롭혔던
아말렉을 물리쳐 주세요. 다시는 나를 괴롭게 하지 못
하게 물리쳐 주세요. 주님. 저는 다투고 싶지 않습니
다. 악한 마귀를 멸하여 주세요. 주님의 이름으로, 그
냥 주님의 은혜로 살아가고 있습니다. 나의 주님, 나를
돌보아 주세요. 사방이 돕는 손길이 되게 하시고, 마귀
의 궤계를 멸하여 주세요. 주님의 크신사랑 가운데 믿
음으로 승리하게 하소서. 인간의 어리석은 것들을 드

러내지 않게 하시고, 주님이 인자하심이 나를 감싸주소서. 보혈의 피, 보혈의 피. 나의 주님, 사랑하고 경배합니다. 이 세상 그 누구에게도 말할 수 없는 일들 주님께다 고백케 하시고, 주님은 나의 보호자가 되십니다. 주님. 나의 기도를 속히 들으시고, 일을 행하소서. 나의 심령이 심히 아프고, 저리나이다. 시간마다 분초마다 나를 공격하는 악의 세력을 멸하소서. 주는 나의 힘이십니다."

예수님 : "지금까지도 내가 너를 인도했는데, 앞으로의 일을 염려하느냐? 두려워하지 말고. 내가 다 알아서 한다 하지 않았더냐? 너는 나를 못 믿는 것이냐? 너는 예배드리고, 말씀과 기도하고, 영적인 힘을 기르라. 알겠느냐? 나의 신부야."

지귀복 : "예, 주님. 사랑합니다."

예수님 : "나도 너를 사랑한단다. 법적인 것, 그런 것하지 말거라. 그런 것은 인간의 소리에 불과하다. 너를 내가 어떻게 이끄는지 모두가 다 알게 될 것이다. 너는 물댄 동산 같겠고, 물이 끊어지지 아니하는 샘 같을 것이다. 그들을 불쌍히 여겨라. 나는 말이다. 너에게 많은 기대를 하고 있단다. 왜냐고? 나를 사랑하는 그 마음이 얼마나 큰지, 어떻게 나타내 보일 것인지, 무엇을 전할 것인지, 나의 뜻을 어디에 행할것인지, 정말 많은 기대를 갖고 있단다. 그것은 지식도, 지혜도 아니고, 나를 사랑

하는 마음이 크면 클수록 많은 것을 드러낼 수 있단다. 언젠가 내가 너에게 말했듯이, 이전보다 지금이, 오늘보다 내일이, 지금보다 앞으로가 나의 마음을 더욱 설레게 하는구나."

지귀복 : "주님, 저는 무지합니다. 주님, 저는 부족합니다. 무엇을 어떻게 해야 할지도 모르는 저에게 많은 기대를 갖고 계시는 주님. 주님의 사랑만이 가득가득 내 마음속에 채워 주소서. 저는요. 주님 앞에 한 것도 없는데, 이렇게 많은 은혜를 내려주신 주님. 감사하고 경배합니다."

주님, 늘 넘어집니다

[이사야 40:8-9]

8 풀은 마르고 꽃은 시드나 우리 하나님의 말씀은 영원히 서리라 하라 9 아름다운 소식을 시온에 전하는 자여 너는 높은 산에 오르라 아름다운 소식을 예루살렘에 전하는 자여 너는 힘써 소리를 높이라 두려워하지 말고 소리를 높여 유다의 성읍들에게 이르기를 너희의 하나님을 보라 하라

지귀복 : "주님, 늘 넘어집니다. 주님 용서해 주세요. 지혜가 부족

해서 늘 넘어집니다."

예수님 : "말씀으로 성령으로 충만하지 않으면, 늘 넘어질 수 밖에 없다. 단호히 말을 해야 하고, 거절해야 하고, 분명한 태도가 필요하다. 믿음으로 행하고, 조금도 거리낌이 없어야 되기 때문이다. 어서 일어나 나의 일을 해야 할 네가 이렇게 준비해야 하는 것들이 많구나. 평소에 준비하는 삶을 살았다면, 이렇게 어렵지는 아니했을 것이다. 너는 이제까지 잊었던 일들을 생각하면서 앞으로 늘 준비하는 삶을 살거라. 항상 주님께 여쭈어보고, 항상 주님께 의지하고, 항상 주님이 보고 계시기에 행하는 일들을 조심하고, 어떠한 것도 너의 인간의 생각으로 판단하지 말고, 묵상하는 삶을 살거라. 나는 너를 항상 지켜보고 있으며, 무엇에나 말에나 일에나 항상 진실로 하고, 절제하지 못함으로 말미암아 탐심을 갖지 말고, 오직 마음을 비우고, 주님만이 너의 전부가 되길 바란다. 성령으로 행하고, 조금도 의심하지 말고, 굳세게 앞만 향해 전진할지어다."

지귀복 : "주님. 감사드립니다."

남편을 향한 생각

예수님 : "그는 이미 너에게서 떠나 있느니라. 너는 그에 대해서
마음을 비우거라. 너의 소관이 아니니, 너무 마음을 무
겁게 하지 말거라. 그에 대한 모든 것은 내가 주관하고
있으며, 내가 지금 시행하고 있느니라. 그러니 그것에
대해서 부담스러워하지 말고, 너의 마음을 불편해하지
말거라. 너는 지금 훈련을 받고 있고, 나의 사명을 행
할 자이니라. 심령에서 슬픈 마음을 제거하여라. 인간
은 모두 다 각기 아버지의 뜻대로 살다가 아버지의 뜻
대로 떠나가게 되어 있느니라. 그의 삶이 슬프다고 생
각하지 말고, 그의 모습이 불쌍하다고 생각하지 말거
라. 이는 하나님을 모르는 자들이 하는 말이니라. 너는
아버지께서 그를 인도하실 것을 생각하고 기뻐하거라.
마음의 슬픔을 제거하고,기쁨의 옷을 입거라."

지귀복 : "주님을 경배하고 찬양합니다. 아멘."

예수님 : "귀복아. 나의 신부야. 내가 말한 것은 반드시 이루느
니라. 너는 나만 바라보고 있으면, 내가 다 해 줄 것이
다. 지식이 없어도, 부족해도, 나의 능력이 너를 통해
서 이루어지리라. 하루에 나를 사랑한다고 고백은 얼
마나 해야겠느냐?"

지귀복 : **"많이 해야겠지요."**

예수님 : "그런데 나의 자녀들은 하루에 한번도 못하는 경우도 있단다. 그냥 잊어버린 것이겠지. 나를. 그러다 문득 예배가 있으면 교회 가는 것이지. 나를 의식이나 하는 것인지 말이다. 나를 진정 사랑하는 자들은 매 순간 마다 고백을 하느니라. 너무나 주님이 주시는 은혜가 고맙고 감사해서, 깜짝깜짝 놀란 것처럼. '주님 감사해요.' 하는. 하늘을 보아도, 들을 보아도, 구름을 보아도, '오! 주님, 감사해요. 사랑해요.' 하고 감탄을 한단다. 너도 그렇게 감탄을 하고있지 않니? 나는 너의 그 고백을 들을 때 바람결에, 물결 위에 내가 스쳐 지나가고 있음을 모르는 것이냐? 너의 주님은 너무나 위대하시고 너무나 자비로우심을 온 우주와 만물이 여호와 하나님을 찬양하느니라."

"너의 생명의 근원되신 주님께서 오늘도 너에게 이 글을 쓰게 하신 것은 너무나 때가 가까이 왔기 때문이란다. 아무리 깨워도 귀를 막고 나의 소리를 듣지 아니하는 나의 백성들에게 이 글을 통해서라도 나의 때를 알리고 싶어서 이 글을 쓰게 한 것이다.

나의 심정은 답답할 뿐이다. 나의 백성들이 하나같이 무엇 때문에 자기의 사명을 잊어버리고, 우왕좌왕하는 자들이 많이 있단다. 그것은 곧 나를 잃어버렸다는 것이고, 첫사랑을 잃어버렸다는 것이지.

그가 좀 더 기도에 힘썼다면, 회복되어지는 것을. 모든 것은 편하게만 할려고, 습관과 같은 태도가 그를 믿음에서 벗어나게 하고 있구나. 바람이 불어 어디에 와서 어디로 가는지 모른 것처럼, 성령의 역사도 그러한 것인데. 조금만 기도하고 나의 보혈을 의지하며 성령께서 평안케 해 줄 건데. 그것을 견디지 못하고 방황하는 나의 백성을 볼 때, 내 마음은 아프단다.

많은 영혼이 나의 피를 의지하고, 아버지, 아버지께로 돌아와야 하는데, 저 지옥을 향해 떨어지고 있구나. 얼마나 내가 더 외쳐 부르고 간절히 기다리건만. 왜 나의 백성은 나의 마음을 이리도 아프게 하는 것이냐?

영원한 천국 그 나라에 해 같이 빛이 날 나의 백성이어늘, 저 타오르는 불꽃 속에서 영원히 고통을 받게 될 그 영혼을 생각한다면, 나는 묻고 싶다.

나를 진심으로 사랑하는 나의 자녀들아, 너희는 지금 마음이 평안하냐고. 저 지옥의 울부짖는 소리가 들리지 않는가? 한 영혼이라도 주님 품으로 이끌어내어라.

네가 만약 그 일을 하지 않는다면, 너의 손에서 그 영혼의 피 값을 물을 것이다. 복음을 전하지 않는 너의 그 굳은 마음 때문에 슬픔의 날이 다가오고 있느니라.

너는 어서 일어나 네 사명을 점검하고, 나아가서 외치라. '풀은 마르고 꽃은 시드나, 하나님의 말씀은 영영히 서리라.' 하고."

오직 예수가 먼저요

"주여, 무엇을 말씀하시렵니까? 종이 듣겠나이다."

"너의 인생은 참으로 어리석고, 무지하기 때문에 나의 행하려는 것을 잘 헤아리지 못할 때가 많이 있다는 것이다. 무엇이든지 자기의 편리한 대로 삶을 이끌어 가고, 나의 뜻과는 전혀 다른 방향으로 가고 있는 데도, 그것을 알지 못하고 살아가고 있다는 것이지.

언젠가 그것이 잘못되었음을 깨달았을 때는 모든 것이 다 빗나간 상태이지. 그래도 그때라도 멈추고 바로 잡는다면, 나는 그를 고치고 싸매고 어루만져주겠지만, 그것도 알지 못하고 끝까지 자기의 주관대로 가다가 결국은 끝이 나고 마는 것이란다. 그래서 너희 인생이 얼마나 허무한 것임을 말하고 싶구나.

하나님께서 각자에게 삶을 주신 대로 맡은 바 자기 사명을 다한다면, 얼마나 좋으련만. 밀고 당기고, 더욱더 자기를 드러내려고 하니 모든 것이 복잡해지고 질서가 무너지게 되는 것이지.

물론 신실한 나의 백성들도 있지만, 그들마저 흔들어 놓는 일들이 많이 있단다. 불필요한 것들로 인해서 마음 빼앗기지 말고, 오직 예수가 먼저 되고, 다른 것은 나중이 되어야 한다.

온 세계의 어느 민족이건 간에 여호와를 경외하는 민족 위에 성령의 횃불이 높이 들려 올라가는 것을 보거든, 그 민족은 참으로 복을 받는 민족이 될 것이다. 신실한 나의 백성이 많이 있는 곳이지.

나의 사랑하는 백성들이 얼마나 간절함으로 그들을 기도하고, 복음을 전하는지 모른단다. 뜨거운 곳에서도, 차가운 곳에서도, 고통스러운 곳에서도, 위험한 곳에서도 오직 주의 사랑을 노래하며 하늘을 향해 힘차게 손을 펴서 하나님 아버지를 찬양하는 나의 백성들을 너는 아느냐? 그들은 결코 나의 잊음이 되지 않을 것이고, 결코 그들은 많은 축복의 통로자가 되게 될 것이다."

[잠언 4:17]
불의의 떡을 먹으며 강포의 술을 마심이니라

교회여 일어나라

지귀복 : "주님. 이 나라 안에는 많은 교회가 있고, 주님의 많은 백성들이 있나이다. 이 민족을 크게 축복하옵소서. 열방을 향해 복음을 들고 나갈 수 있는 민족되게 하소서."
예수님 : "그래. 너가 볼 때는 많은 교회가 있고, 이 민족 안에 나의 백성이 많은 것을 말하는 것이냐? 나는 그들을 다 보고 있다. 모습은 우아하고 우렁차고 신령해 보이나, 진정으로 나를 예배하는 자를 나는 찾고 있느니라. 마

치 군인이 전쟁을 하고 흩어진 것처럼, 예배가 그런 느낌을 주는 것 같구나. 영적인 전쟁이 아니라, 사람의 군대 같은 느낌을 주는구나. 얼마나 많은 변화의 물결이 교회를, 예배자들을 바꾸어 가고 있는 것인지. 겉으로는 안전한 것 같지만, 내면은 그 누가 그것을 알 수 있겠느냐? 집요하게 파고드는 사단의 정체를, 뽑아낼 수 있는 눈을 가진 나의 백성들이 많이 일어나야 할 것인데. 모두가 다 '평안하라. 평안하라.' 하고, 강한 군사의 훈련 받기를 싫어하고 있다는 것이다."

[마가복음 9:23]
예수께서 이르시되 할 수 있거든이 무슨 말이냐 믿는 자에게는 능히 하지 못할 일이 없느니라

"기도하지 않으면 넘어지고, 강한 영적인 말씀의 훈련을 받지 않으면 넘어질 수밖에 없다는 것이다. 온 성도가 마귀를 묶어야 한다. 마귀를 묶으라.

회개 기도와 방언 기도.

모두가 지쳐있다. 성령의 충만함을 받아야 하는데 인위적으로 사명을 감당하려고 하니까 지치고 피곤하고. 기드온의 300용사처럼 성령의 횃불을 가진 자들이 일어나야 하느니라."

믿으면 선포하라

나는 오늘도 주님께서 말씀하신 글을 쓰고 있습니다. 저는 잘 모릅니다. 하루에 24시간 동안에 시간마다 주님께서 저를 개입하시고, 말씀하십니다. 저는 그것을 그대로 쓰고 있을 뿐입니다. 아무 소리도, 아무 생각도, 아무 말도 필요가 없습니다. 그냥 주님께서 계속 말씀하시기 때문에 글을 씁니다.

때로는 주님께서 눈물을 흘리시고, 웃기도 하시고, 바르게 정직하게 훈계도 하시고, 주님의 백성들을 늘 생각하시는 주님을 바라보고 있는 저는, 눈물만 흐릅니다.

주님의 간절한 외침의 소리를 듣지 못한 주님의 백성들을 볼 때, 주님의 마음은 너무나 아파하십니다. 주님의 말씀을 늘 외면하고 살아가는 우리들. 주님의 뜻보다는 나의 뜻 먼저 이루기를 원하는 욕심, 주님을 알면서도 깊이 주님을 체험할려고 하지 않는 연약한 믿음. 우리의 본 모습입니다.

주님께서 가까이 오시면 무섭고, 주님께서 멀리 가시면 불안하고, 주님께서 적당한 곳에 머물러 계시기를 바라는 우리의 어리석은 안일한 마음 때문에 주님과의 관계가 더욱더 멀어져 가고 있다면 어떻게 하나요?

지금은 잠시 일을 멈추고 생각을 해야 할 시간인 것 같습니다. 또한 주님을 진실로 불러보는 시간이 왔어요. 나의 고백을 들으시는 주님은 결코 그 소리를 외면하지 않으십니다.

지귀복 : "주님, 나를 도와주세요. 이제 제가 어떻게 할 수 없을 정도로 나의 몸과 나의 마음이, 나의 생각이 말을 듣지 않아요. 주님. 나에게 임하셔서 나를 다스려 주옵소서. 나의 주인이 되어 주세요. 주님이 흘리신 보혈을 의지합니다."

예수님 : "너는 나를 믿느냐? 너를 치료한 나를 믿느냐?"

지귀복 : "예, 주님."

예수님 : "그럼 그것을 입술로 선포해라."

지귀복 : "예."

주님이 계시니 정말 기뻐요(나를 부르시는 주님)

주님이 부르시니 밖으로 나갔습니다. 맑은 공기와 하늘의 펼쳐진 구름의 모습이 너무나 아름답고, 마치 천국의 물결과도 같았습니다.

지귀복 : "주님, 사랑합니다."
예수님 : "오늘은 나와 대화를 하지 않는 것이냐?"

이처럼 맑고 환한 공기와 날씨를 보라고 불렀다면서 온통 주님의 관심은 '영혼을 일깨워해야 한다'는 것에 초점이 있구요. 믿음이 없는 자녀들을 말하면서 "기도하면 안 되는 것은 없다. 다 이루어진다."라고 말씀하십니다.

예수님 : "영혼을 위해서 기도해라."
지귀복 : "나같이 무지한 자를 택해주신 주님. 주신 사명 감당하게 하소서."
예수님 : "너는 무지하지 않다. 너는 정말 창조적이고, 나의 사랑하는 신부이니라. 그리고 너가 많은 지식과 명예가 있다면, 지금쯤 너는 세상에서 잘난체하고 마음대로 세상 잠에 빠져 있겠지. 주님이 너를 찾아주신 것, 이것이

실로 놀라운 일이 아니냐? 나는 너의 그 부족함을 통해서 나의 뜻을 이루기를 원한다. 믿음의 눈을 가지고 본다면, 이 세상에 못할 것이 없단다. 십자가에서 너의 생명을 살리기 위해서 물과 피를 다 쏟으신 주님을 생각한다면, 무엇인들 못하겠느냐? 못할 것은 아무것도 없다. 두려움에 떨지 말고, 담대하게 외치라. 주님이 오실 준비가 다 되었다고."

지귀복 : "하늘의 펼쳐 있는 푸르른 구름 사이에 계신 주님. 오늘도 주님께 경배와 감사를 드립니다. 주님을 사랑합니다. 사랑하는 나의 주님. 나의 몸이 연약하여 마음대로 걸어다닐 수도 없고, 지금은 그냥 있나이다. 주님의 그 크신 사랑이 너무나 감사해서 하늘을 향해 머리를 들었나이다. 나의 주님, 경배를 받으소서. 소리 없이 흐르는 나의 눈물을 받으소서. 나의 눈물이 나올 때면 주님이 보고 계시지요? 나는 오늘도 주님을 바라보나이다. 이 땅에서의 이 사명이 다할 때까지 나를 항상 지켜주시겠다고 약속하신 주님. 주님은 정말 위대하시고, 존귀하신 분이십니다. 나의 삶의 인도자가 되셔서 오늘도 나의 영혼을 깨워주시고, 위의 것을 바라보게 하시네요. 보잘것 없는 인생이라 여겨왔지만, 이제는 나의 삶을 주관하시는 주님이 계시니 나는 기뻐요. 정말 기쁘고, 기뻐합니다!"

오직 믿음으로

우리의 모든 죄를 짊어지시고 십자가에서 온몸의 고통을 받으신 주님. 그토록 우리를 사랑하셔서 생명을 주신 주님. 주님을 사랑합니다. 경배합니다.

한없는 주님의 그 사랑. 오늘은 고백하지 못하고 시간만 갔습니다. 벙어리가 되어서 하루가 지나가고 있습니다. 지금이라도 고백할렵니다. 주님 사랑하고 경배합니다. 나의 주님, 나의 하나님. 할렐루야! 아멘.

끝없는 주의 사랑, 그 사랑에 힘입어 오늘도 하루를 살았습니다. 하지만, 진정 주님께서 말씀하신 복음을 전하지 못했어요. 이 시간은 다시 오지 않을 것을. 그러나 다음 시간이라도 정신을 똑바로 차리고 복음을 전하겠어요.

희미한 등불처럼 성령의 불이 꺼지지 않게 하기 위해서 오늘도 무릎 꿇고 기도를 시작합니다. 말씀으로 새롭게 전진합니다. 오직 예수, 오직 말씀, 오직 믿음으로 굳게 닫힌 영혼의 문을 열기 위해서 예수님의 보혈을 의지하고 복음의 씨를 뿌리렵니다. 지금 눈에 보이는 것 없어도, 귀에 들리는 것 없어도, 끝없이 끝없이 생명의 씨를 뿌리렵니다.

예수님 : "네가 살아갈 힘은 곧 나니라. 예수 그리스도. 그는 너

의 방패요, 보호자가 됨이라."

지귀복 : "주님. 너무나 힘든 일을 겪고 나서 이렇게 생각이 듭니다. 나에게 믿음을 주옵소서."

예수님 : "모든 것을 이길 수 있는 믿음, 그 믿음을 이미 소유하고 있지 않니? 그러나 그것을 선포하지 않은 것뿐이지. 너의 입술이, 너의 마음이 이 믿음의 말을 선포한다면 그대로 되어지느니라. 그 바라는 것들의 실상이 나타나느니라. 다른 것을 보지 말고 너에게 향하신 주님의 역사, 주님이 하시고자 하는 일들을 향해 선포하라. 믿음으로."

묶으라

[히브리서 9:14]
하물며 영원하신 성령으로 말미암아 흠 없는 자기를 하나님께 드린 그리스도의 피가 어찌 너희 양심을 죽은 행실에서 깨끗하게 하고 살아계신 하나님을 섬기게 하지 못하겠느냐

예수님 : "나약한 모습은 이제 벗어버리고, 강하고 담대히 일어서거라. 내가 너와 함께 하는데, 무엇이 두렵느냐? 너의 머리, 너의 생각, 너의 정신, 이 모든 것은 내가 다 지배하고 있다. 예수 그리스도. 불안, 공포, 끊임없는 염려를 묶으라. 나의 사랑을 입은 나의 신부야! 내가 너를 사랑한다. 나는 너를 너무나 사랑하고 항상 동행하고 있다."

지귀복 : "나의 인생 자체가 공포에 휩싸여 살아온 삶이었다면, 주님께서 이곳까지 인도해 주셨는데 지금에 와보니 세월이 다 가버렸어요. 지금도 공포의 찌꺼기가 나를 괴롭게 하고있네요."

예수님 : "묶으라."

지귀복 : "무시무시한 공포도 이겨냈는데, 육신으로, 정신으로 다 망가진 나를 고치신 주님. 지금의 주님을 알게 하기

위해서 얼마나 오랜 세월 참고 기다리셨나요. 감사해요. 사랑해요."

새로운 삶

[로마서 1:28-29]

또한 그들이 마음에 하나님 두기를 싫어하매 하나님께서 그들을 그 상실한 마음대로 내버려 두사 합당하지 못한 일을 하게 하셨으니 곧 모든 불의, 추악, 탐욕, 악의가 가득한 자요 시기, 살인, 분쟁, 사기, 악독이 가득한 자요 수군수군하는 자요

예수님 : "귀복아."

지귀복 : "예, 주님."

예수님 : "너는 왜 그렇게 힘들어하는 것이냐? 내가 채찍에 맞으면서 너의 질병은 나음을 입었는데, 내가 흘린 핏방울이 너를 씻어 주었는데."

지귀복 : "주님. 저는 육신이 너무 힘들어요. 머리도 아프고, 힘이 없어요. 나를 도와주세요."

예수님 : "저가 채찍에 맞음으로 나음을 입었느니라. 내가 모든

것을 다 지고 십자가 위에서 이루어 놓았는데 무엇이 그리도 두렵고 힘이드느냐? 내가 너를 이렇게 바라보고 있고, 지켜주고 있거늘."

지귀복 : "주님 감사합니다. 주님 사랑합니다."

예수님 : "나의 사랑이 네 마음속에 가득 있지 않으면, 잡생각이 들어와서 너의 육신 머리를 괴롭게 하느니라. 슬픔을 주고, 우울함을 주고, 괴로움을 주고, 기쁨을 빼앗아 가는 마귀를 예수님의 이름으로 묶으라. 마음, 생각, 육신을 괴롭게 하는 더러운 귀신을 묶으라."

지귀복 : "아멘."

지난 과거의 죄악에 묶여서 죄의식, 죄책 속에 살고 있습니까? 지금 그 묶여 있는 죄의 짐을 예수 그리스도의 이름으로 푸십시오. 나사로에게 명령하신 주님. "풀어놓아 다니게 하라." 얽매였던 죄악으로부터 생각에 갇혀 있는 문제를 풀어야 합니다.

예수 그리스도의 이름으로 지금 우리는 주님의 능력 안에서 자유함을 얻어야 합니다. 우리가 이것을 선포하지 않는다면, 이 생각과 습관과 행동이 절대로 바꿔지지 않는다는 것이지요. 그 속에 성령님이 역사하실 수가 없다는 것입니다. 세월이 아무리 지나도, 그 묶여 있는 것은 풀어지지 않고, 신앙의 발전이 없다는 것입니다.

지금 고백하시고, 성령님을 모셔 들임으로 새로운 삶이 시작되는 것입니다. 그래서 갈라디아서 5장 22절 성령의 열매가 맺게 되는 것이지요.

[갈라디아서 5:22-23]
오직 성령의 열매는 사랑과 희락과 화평과 오래 참음과 자비와 양선과 충성과 온유와 절제니 이 같은 것을 금지할 법이 없느니라

주님의 사랑 받는 종들

[이사야 44:21-24]
21 야곱아 이스라엘아 이 일을 기억하라 너는 내 종이니라 내가 너를 지었으니 너는 내 종이니라 이스라엘아 너는 나에게 잊혀지지 아니하리라 22 내가 네 허물을 빽빽한 구름 같이, 네 죄를 안개 같이 없이 하였으니 너는 내게로 돌아오라 내가 너를 구속하였음이니라 23 여호와께서 이 일을 행하셨으니 하늘아 노래할지어다 땅의 깊은 곳들아 높이 부를지어다 산들아 숲과 그 가운데의 모든 나무들아 소리 내어 노래할지어다 여호와께서 야곱을 구속하셨으니 이스라엘 중에 자기의 영광을 나타내실 것임이로다 24 네 구속자요 모태에서 너를 지은 자 여호와가 이같이 말하노라 나는 만물을 지은 여호와라 홀로 하늘을 폈으며 나와 함께 한 자 없이 땅을 펼쳤고

"여기 모인 나의 귀한 종들을 너는 보느냐? 보기에도 너무나 나

의 가슴이 뿌듯해지는 나의 귀한 종들아, 오늘도 내게 받은 사명 감당하기 위해 온 힘을 다해서 달려가는 너희들의 수고는 결코 나의 잊음이 되지 않을 것이다.

하루살이는 걸러내고, 약대를 삼키는 자들을 두려워하지 말고, 맞서서 끝까지 예수 그리스도의 십자가의 푯대를 향해서 전진하거라.

성령의 폭포수와 같은 능력과 은사를 내가 너희에게 부어 줄 것이니, 기름진 것으로 배 부르려고 하지 말고, 없는 것을 있는 것 같이 부르시는 주님으로부터 배부름을 얻으라.

세상은 너무나 흔들리고 있어도, 너희들의 사명을 흔들 자는 아무도 없으니 굳세게 전진하고 당당하게 예수 그리스도의 능력에 힘입어서 선포하고 진행하라. 주께서 모든 역사를 이루어줄 것이다. 나의 사랑하는 종들아."

네 몸이 회복하는 중에

"네 몸이 회복하는 중에 너의 하루의 일과를 내가 지켜보고 있으면서 무슨 생각을 하는 줄 아느냐? 마치 사막에 서 있는 것 같구나."

가쁘게 몰아쉬는 숨소리에 답답한 가슴, 눈물만 흐르는 눈, 머리에는 모든 짐이 다가오고, 손과 발목은 힘이 없고, 키로수는 점점 빠져 가고, 눈이 침침해서 글씨를 쓸 수가 없고, 목이 매이도록 불러보는 주님. 그 주님 앞에 눈물만 흐르는구나.

이제는 평안할 때도 되었는데, 왜 이리 나를 고단하게 할까? 나의 몸이 내 마음대로 되지가 않구나. 먹고 마시고, 걸어서 거리를 당당하게 다닐 수 있는 그 행복을 예전에는 몰랐던 것이지. 이제 나도 저 거리를 씩씩하게 걸어서 팔을 흔들면서 걸어가고 싶다. 서 있기도 힘든 나의 몸은, '언제나 회복이 되어질까?' 하고 밖을 보면서 노랑색으로 물들어가는 은행잎이 힘차게 할렐루야를 외치는구나. 주님을 사랑하고 경배합니다.

생명

생명을 아끼지 않으시고 주신 주님을 진정으로 사랑했다면 나의 인생이 그리 억울하지는 않았을 것인데, 마지막 시간이 되어보니 '정말 내가 사랑했던 분이 주님이셨을까?' 생각합니다.

세상의 것을 놓치지 않으려고 온갖 노력을 하면서 살아왔지만, 마지막에는 꺼져 가는 생명 앞에 아무 힘이 없는 우리의 인생임을 감히 하나님 아버지 앞에 고백합니다.

그동안의 삶에 잘못한 것들을 용서하소서. 예수님의 보혈의 피로 나의 죄를 씻어주소서. 간절하게 기도하는 무릎 위에 흐르는 눈물, 참으로 귀하고 값진 나의 참 모습입니다. 그토록 세상을 이겨내기 위해 온갖 힘을 다 쏟아부었지만, 이처럼 참된 눈물을 흘려보지 못했습니다. 주님. 이 죄인을 용서하소서. 생명의 빛으로 나를 비추어 주소서.

생명을 주관하시는 주님

　생명을 주관하시는 주님, 나의 생명이 주님 안에 있는데 그 누구에게 주님께서 부르신다 말할 수 있겠어요. 고통 중에도 이 하루를 살고자 하는 우리 육신인 것을. 주님께서 기다리시는 천국으로 가야 해요. 말할 수 있겠어요. 얼마나 이 세상의 삶이 허무하면, 그것이 정리가 잘 안 돼서 무엇을 어떻게 하고 가야 할 지 모르며 영원히 방황 속에 있네요. 주님. 이 하루는 간절하게 원한 사람은, 이날을 보지 못한 사람도 주님 앞에는 안개처럼 사라지는 허무한 인생임을 기억하게 하소서. 인생의 허무함을 알고 나니, 시간이 다 끝나가고 있네요. 조금만 일찍 알았더라면, 잠시나마 정리할 줄 아는 지혜가 있었을 것을. 이제 와보니 모든 것은 바다의 파도처럼 왔다가 가버리네요. 이제는 마무리를 하고 가야 하는데, 인간의 아집과 고집이라는 것이 사람을 붙들고 놔주지를 않네요. 이제는 어쩔 수 없이 마음을 비워야 하겠지요. 하늘문이 열리고 있으니까요. 과연 나의 삶의 가치는 주님이 계산하시겠죠.

가장 내가

"가장 내가 그를 언제 사랑스러워했는지 아느냐? 그가 작은 자가 되어서 나에게 영혼을 위해서 몸부림칠 때 나는 그를 이끌어주기로 생각했고, 오늘과 같은 사역을 할 수 있게 인도했다.

그러나 그도 점점 그 사랑이 식어가고 있음을 알았다. 때로는 사람에게, 때로는 자기의 생각으로, 모두다 짜여져 있는 틀 속에 내가 서 있는 곳이 없구나. 나는 그를 그토록 사랑스러워했는데, 어찌 그는 나를 자꾸 외면하는 것일까?

그런데 지금은 모든 것이 멈추어 있는 느낌을 받고 있을 것이다. 내가 그를 얼마나 사랑했으며, 얼마나 많은 은혜를 부어주었는지 그가 알 것이다. 앞으로 후회하지 않는 인생을 마무리할 수 있다면, 그것은 곧 나를 찾는 길이라고 말해주었으면 좋겠구나. 다시 한번 내가 그를 이끌어주기를 원한다. 마음을 비우고, 생명되신 주님을 만날 수만 있다면 그 길을 갈 것이다."

풍랑을 잠잠케 하시는 주님

[마가복음 4:39-41]

39 예수께서 깨어 바람을 꾸짖으시며 바다더러 이르시되 잠잠하라 고요
하라 하시니 바람이 그치고 아주 잔잔하여지더라 40 이에 제자들에게 이
르시되 어찌하여 이렇게 무서워하느냐 너희가 어찌 믿음이 없느냐 하시
니 41 저희가 심히 두려워하여 서로 말하되 저가 뉘기에 바람과 바다라
도 순종하는고 하였더라

지귀복 : "풍랑을 잠잠케 하시는 하나님, 나의 정신의 풍랑을 잠
　　　　잠케 하옵소서. 주님. 주님. 나를 살려주소서. 나의 머
　　　　리로 지은 죄악을 용서하옵시고, 이 풍랑을 잠잠케 하
　　　　시는 분은 오직 주님이십니다. 나를 다스리시는 주님
　　　　을 의지합니다. 주여, 오늘부터 나의 머리의 풍랑을 잠
　　　　잠케 하옵소서. 열심히 기도할 수 있도록 인도해 주세
　　　　요."

예수님 : "고문받은 사람도 있다. 두려워하지 말고, 너의 생각을
　　　　정리하는 것이다."

지귀복 : "열심히 전도하겠습니다. 주님."

예수님 : "너가 보아라. 누가 전도하더냐?"

지귀복 : "이 풍랑에서 꺼내줄 분은 오직 주님밖에 없습니다. 나

를 말씀으로 나를 깨우쳐 주신 주님, 감사드립니다. 치
료해 주소서."

예수님 : "이제 평안하라. 안전하라. 내니 두려워 말라."

　우리의 인생에 파도처럼 밀려오는 갖가지 질병과 문제들 앞에서
우리가 과연 풍랑을 잠잠케 하시는 주님을 깨우고 있는가? 아니면,
그대로 풍랑을 맞으면서 내 방법대로 해결하기 위해 이리 뛰고 저
리 뛰고 발버둥치고 있지는 않은지요?

　하지만, 우리 주님은 우리에게 인생의 풍랑을 만나게 하신 목적
이 있지요. 그것은 바로 다시 한번 우리의 믿음을 굳건하게 하기
위해서 모든 삶을 흔들어 보시고 계시지요. 우리는 그 때 그 풍랑
속에 주님 계신데도 불구하고 주님을 잃어버리고 깨울 생각을 안
합니다.

　중요한 것은 기도로 내 문제의 주관자되신 주님을 인정해야 합
니다. 그럴 때 우리는 이 풍랑을 잠잠케 하시는 주님을 만날 수가
있습니다. 아멘.

예수님 : "귀복아,"

지귀복 : "예, 주님."

예수님 : "오늘은 1부 예배를 갔다 왔구나. 그래. 너의 풍랑이 잠
　　　　잠해지니 마음이 평안하뇨?"

지귀복 : "예, 주님."

예수님 : "이제 앞으로 열심히 전도를 할 것이냐?"

지귀복 : "예, 주님. 제가 무슨 힘이 있어요. 주님께서 힘 주시고, 능력 주셔서 할 수 있게 인도해 주세요."

예수님 : "마음이 별로 안 편하구나?"

지귀복 : "예. 진주를 생각하면 가슴이 힘들어요. 그것도 주님께 맡깁니다. 제가 할 수 있는 것은 아무것도 없지요."

예수님 : "그래. 모든 것을 기도로 나에게 맡겨야 하느니라. 너가 짐을 지고 있으려고 하지 말고 맡기는 습관을 갖거라. 내가 다시 한번 너의 몸을 강하게 흔들어 본 것은, 과연 나의 일을 열심히 할 것인가, 지난 시간의 잘못된 습성이 나오지 않게 하기 위해서 너를 훈련한 것이다. 너무 힘들어하는 너를 보고 있는 나도 마음이 아팠다."

예수님 : "귀복아."

지귀복 : "예, 주님."

예수님 : "이제는 평안하거라. 나는 너를 이제 믿기로 했다. 나를 향한 너의 그 의지가 사랑이 깊어져서 말이다. 이제는 시원한 성령의 바람이 너를 덮을 것이다. 평안하고 조급해 하지말고, 담대하거라."

지귀복 : "주님, 감사와 경배와 영광을 받으시옵소서. 아멘."

후 ∘ 원 ∘ 안 ∘ 내

방주 세계선교회 후원계좌 :

농협 : 356-0405-0892-03 (지귀복)
국민은행 : 580301-04-490076 (지귀복)

해외 송금을 위한 정보 :

① 국민은행 영문명 : KOOKMIN BANK
② 국민은행 본점주소 : 26, Gukjegeumyung-ro
8-gil, Yeongdeungpo-gu, SEOUL, KOREA
③ 국민은행 SWIFT CODE : CZNBKRSEXXX
④ 수취인 계좌번호 : 58030104490076
⑤ 수취인 성명 : JI GWI BOK
⑥ 수취인 전화 번호 : +82 10-8380-6285

유튜브에서도 은혜로운 간증을 만날 수 있어요

모든 영광 하나님께!
모든 감사 하나님께!

초 판 인 쇄   2024년 3월 22일
초 판 발 행   2024년 3월 27일
2 판 발 행   2024년 5월 7일
2 판 2 쇄   2024년 6월 25일

지 은 이   지귀복
펴 낸 이   지귀복
펴 낸 곳   방주세계선교회 (061-363-6282)
주   소   전남 곡성군 목사동면 강변로 56
출판신고번호   제 2022-000001호
I S B N   979-11-981297-3-4 (03230)
홈 페 이 지   bethesda-pray.com
정   가   10,000 원